幕末の農兵

樋口雄彦［著］

現代書館

江川邸　静岡県伊豆の国市　韮山代官の役所(陣屋・代官所)だった。

江川坦庵自画像　公益財団法人江川文庫所蔵

農兵調練場址の碑　静岡県三島市北田町・三島市役所前　昭和８年（1933）に帝国在郷軍人会三島町分会が建立。揮毫者の「江川家々臣柏木俊一」は洋画家で、農兵実現に貢献した韮山代官元〆手附柏木忠俊の孫。裏面には「日本最初ノ農兵調練場」の説明文が彫られている。

正五位柏木君碑　静岡県伊豆の国市韮山・本立寺　韮山代官元〆手附や足柄県令をつとめた柏木忠俊の顕彰碑。江川坦庵の「遺志」を継ぎ、「郷兵」（農兵）の取り立てを実現したことも記されている。

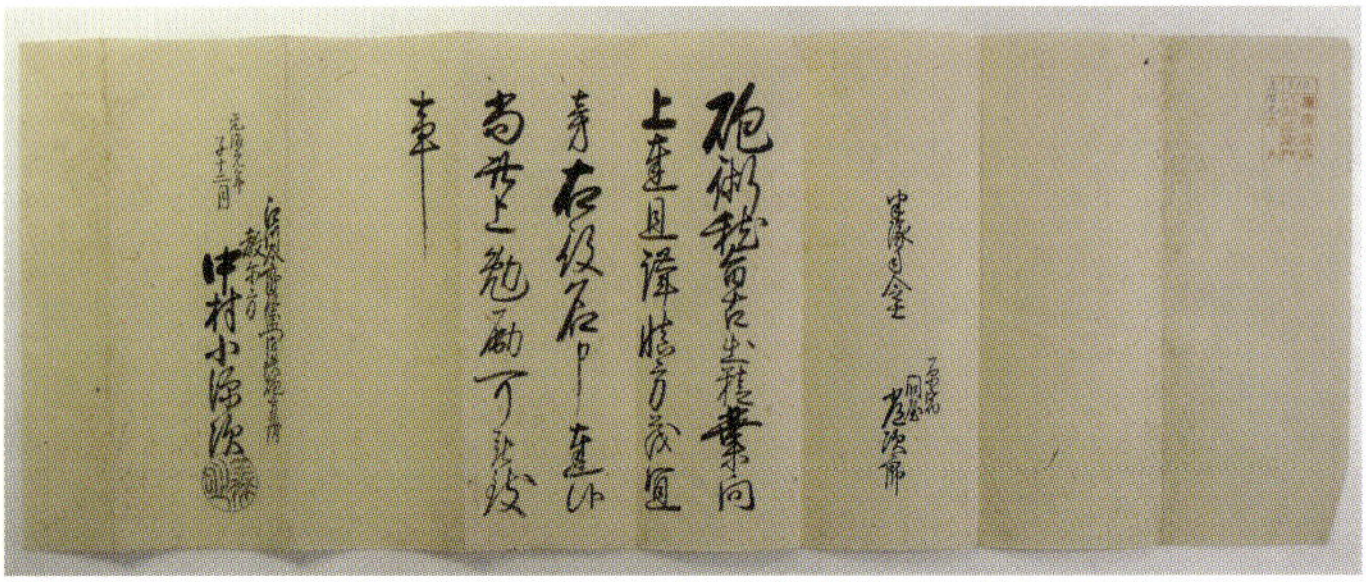

原宿問屋常次郎に対する半隊司令士の辞令　元治元年(1864)12月　沼津市明治史料館所蔵

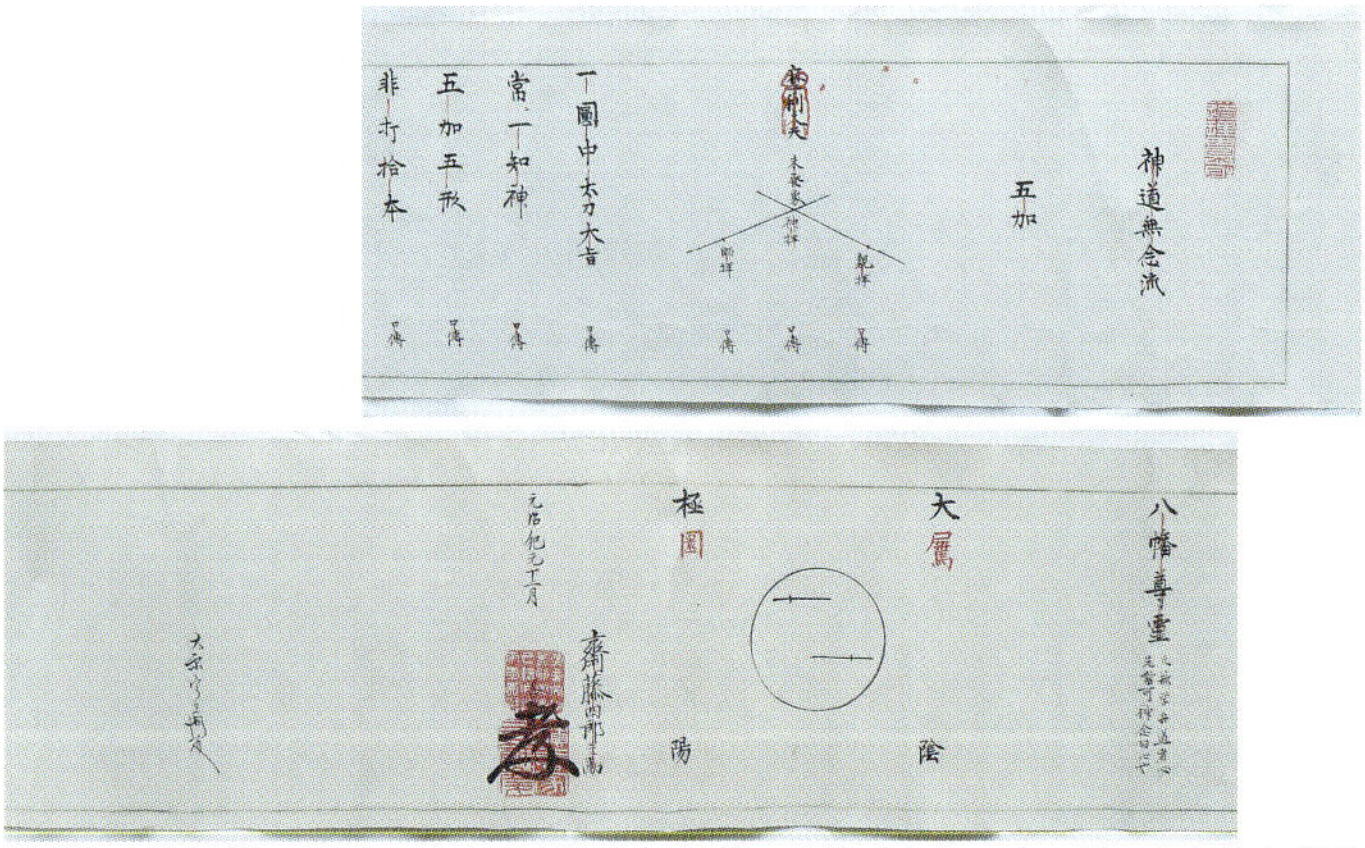

神道無念流目録　伊豆の国市郷土資料館所蔵　元治元年(1864)12月、韮山代官農兵に剣術を教えた斎藤四郎之助が、伊豆国田方郡金谷村の農兵大原宇兵衛に発給したもの。

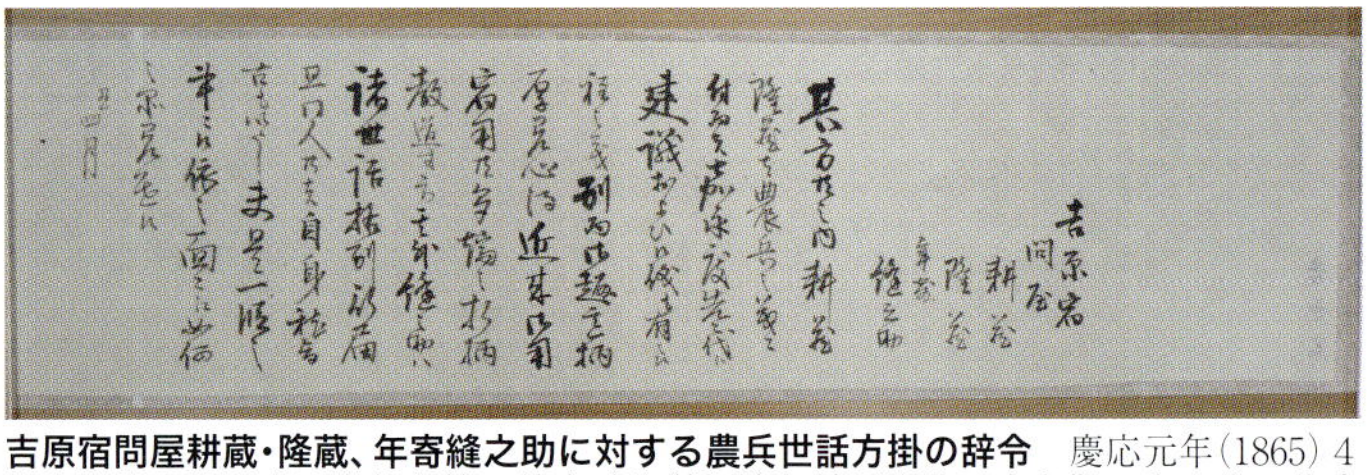

吉原宿問屋耕蔵・隆蔵、年寄縫之助に対する農兵世話方掛の辞令　慶応元年(1865) 4月　富士市立中央図書館保管　鈴木香峰(耕蔵)と神尾隆蔵は嘉永期に先々代の代官江川坦庵に対し、農兵の建議を行った旨も記されている。

はしがき

それまで軍事とは無縁だった農民たちが、幕府や藩によって兵士に仕立て上げられたのが、幕末の農兵である。狭義の農兵とはイコールではないのだが、奇兵隊など庶民を含み込んだ長州藩諸隊については、明治維新の本質論に関わる長い研究史がある。ごく簡単に言えば、維新の変革に対し民衆が果たした役割をどのように評価するのかという視点からの論争だった。諸隊は封建制に抵抗する民衆のエネルギーとして発現したのか、それとも領主や豪農商層など体制側によって利用されただけの存在だったのか、といった対立である。

伊豆で生まれ育った筆者にとって、「農兵」は昔から聞き慣れた言葉だった。幕府における農兵制の提唱者江川坦庵《えがわたんあん》*は、母校の学祖ともいうべき存在であり、実家がある三島市では「農兵節*」（ノーエ節）が祭や観光と切っても切れない民謡として定着している。農兵節の起源は伊豆ではなく幕末の横浜にあり、三島が発祥地となり全国に普及するようになったのは昭和戦前期に

*江川坦庵
（一八〇一〜五五）
通称は太郎左衛門、諱は英龍。江川家三十六代当主。天保六年（一八三五）父の跡を継ぎ、韮山代官に就任、支配地の民政のみならず、幕府の海防政策に寄与した。西洋砲術の採用、反射炉建造による大砲製造、品川台場の築造、種痘の普及など多くの業績を残したが、農兵採用の提唱もその一つだった。

農兵節のモニュメント　静岡県三島市・ＪＲ三島駅北口　昭和62年(1987)建立。民謡農兵節を踊る男女であり、幕末の農兵の姿を表現したものではない。

大衆芸能化されてからという説が有力であるが、いずれにせよ伊豆地域において農兵の存在は古くから身近なものだった。先鋭的な学問上の争点となったテーマであることとは程遠く、何となく牧歌的なイメージでもあった。

しかし、兵農分離という江戸時代の原則を打破し登場した農兵というしくみは、決してローカルなものではない。すでに奇兵隊の名は挙げたが、全国の諸藩や各地域でも、時を同じくして同様の組織が生まれたのである。また、当時の民衆にとっては牧歌的どころか、生命にも関わる一大事だったはずである。プロの戦士だったはずの武士たちはそれほどまでに戦えなくなってし

＊農兵節
ノーエ節とも。「富士の白雪ノーエ　富士の白雪ノーエ　富士のサイサイ　白雪朝日でとける」の歌詞で知られる民謡。韮山代官農兵が使用した行進曲を起源とする説や、文久期に横浜で生まれた野毛山節が広まったとする説があるが、後者が真実らしい。昭和初期に三島の人平井源太郎が民謡として整え、韮山笠・陣羽織に大小を差した衣裳で東京・大阪などで宣伝を行い、レコードやラジオなどともあいまって全国に普及するに至った。

まっていたのか？　平和に生きてきた農民たちは命を懸けてまで戦いたかったのか？　その背景には、西洋列強による軍事的脅威、幕藩体制の動揺によって引き起こされた一揆や内乱という内憂外患があった。やがて封建制や身分制は解体され、日本は近代国家へと脱皮していくこととなるが、その過渡期に誕生し消えていった農兵とは、戦争や軍事には関与することがなかった一般民衆に、身をもって国家の一員であることを体験させ、初めて「国民」としての自覚をもたらしたものなのかもしれない。

その幕末の農兵について、先学の研究や各地の自治体史等の成果に学びつつ、全体像を概観できるよう叙述したのが本書である。何か新しい論点を打ち出そうという意図はまったくないが、従来なされていなかった、このテーマでのまとめ的な歴史叙述を行うことにも一定の意義があるはずである。

幕末の農兵

＊

目次

関連地図

第Ⅰ部

韮山代官の農兵

迫りくる西洋列強に対応すべく、伊豆韮山の代官江川坦庵は、海防のため農兵採用を幕府に建議した。対外危機のみならず、国内の治安維持をも見据え、幕府が許可を下したのは、坦庵没後のことだった。

第一章

先覚者江川坦庵の建策

兵農分離という前提

中世には百姓も武装していた。そして領主である武士は、武器を持った領民たちを戦場に動員するのが当たり前だった。また、武士自身も農村に住み農業を営む者が少なくなかった。江戸時代以前には、城下に住む武士、農村に住む百姓という、わかりやすい、単純明瞭な区分けは存在しなかった。

そのような中世社会から近世社会への変革を促したのが織田信長から豊臣秀吉へ、そして江戸幕府へと引き継がれた兵農分離政策だった。天正十六年（一五八八）七月に秀吉が発した刀狩令《かたながり》は、一揆を予防すべく、百姓から武器を取り上げ、農業に専念することを命じたものである。同時期に進められていった、検地や石高制の導入、大名の国替えや改易、城下町の建設とそこへの家臣集住化など、土地政策や家臣団統制ともあいまって、武士と百姓とを明確に区分する、身分の固定化がなされるようになった。

刀狩りは百姓の武器所有を即時に一掃したわけではないが、江戸時代の進行とともに苗字帯刀《みょうじたいとう》は武士の特権とみなされ、十七世紀後半からは百姓にはだんだんそれを許さなくなっていった。帯刀は、武器の所有というよりも、支配者たる武士の身分表象としての意味を持つようになる。

土豪として戦国時代まで農村に住んでいた武士の子孫たちは、近世大名の家臣となって村を去った一握りの者と、村に残り百姓として生き続けた大多数の者とに二分された。村に残った者の中には、郷士として大名の家臣団の末端に取り込まれる例もあったが、通常の百姓身分にとどまった者の場合、名主・庄屋をつとめる豪農として地域社会のリーダーとなった。彼らも後に藩や幕府から苗字帯刀を許される場合があったほか、経済的な成長を遂げた新興の百姓・町人たちも、領主への献金などによって苗字帯刀の特権を得ることが可能となっていった。その場合、帯刀の権利を与えられたからといって、領主から武力を期待されたわけではなく、あくまでそれはステータスシンボルにすぎなかった。

江川坦庵の農兵論

伊豆国の韮山（現・静岡県伊豆の国市）を拠点に、伊豆・駿河・相模・武蔵の幕府領支配を担当した代官、江川坦庵（太郎左衛門英龍《ひでたつ》）は、優れた民政家であったほか、海外事情や蘭学・西洋軍事技術に対する高い見識を有した知識人であり、何よりも憂国の人だった。そして、幕府内における農兵採用論の先駆者ともなった。それは伊豆半島という、江戸を守るための海防の要地を自らの管轄地とし、海から迫りくる西洋列強の圧力に対し、鋭敏な危機感を抱いていたことに大きく由来する。

そもそも農兵論（兵農一致論）は、都市生活で奢侈に馴れ、弱体化した武士を立ち直らせる方策として、武士を土着させるという意味で、すでに江戸時代中期に主張されるにいたっていた。熊沢蕃山《くまざわばんざん》・荻生徂徠《おぎゅうそらい》・太宰春台《だざいしゅんだい》・山鹿素行《やまがそこう》といった学者たちが唱えたが、精神論的なものであり、その時点で実現性はなかった。後年、豊後の儒者広瀬淡窓《ひろせたんそう》が著書「迂言」の中で唱えた論も、農を兵にするというよりも、兵を農にするという趣旨だった。しかし、十九世紀に入ると、増大する外患の下、武士に農村生活をさせるのではなく、農民に武力を担わせるという形で、農兵論はにわかに現実性を帯びてくる。文政期には幕府の役人中にも筒井政憲《つついまさのり》*のように、百姓・町人の動員、あるいは農兵や武士の屯田（土着）が海防の有効策であると考える人物が現れた。

坦庵は、天保十年（一八三九）五月、「伊豆国御備場之儀ニ付申上候書付」を幕閣に差し出し、すぐに戦力になるわけではないが、農兵を取り立て、大小砲・弾薬や鎗などを貸し渡して稽古をさせ、出精者には褒美を与え一人扶持・二人扶持でも支給すれば、いずれきっと役に立つはずであるとの意見を具申した。これは前月、天保八年（一八三七）のアメリカ船モリソン号の浦賀来航に衝撃を受けた幕府の命を受け、目付鳥居耀蔵《とりいようぞう》とともに実施した沿岸視察の結果を前提にまとめた建言書だった。

しかし、すんなりと農兵制の採用は認められなかった。坦庵は天保十二年（一八四一）に高島秋帆《たかしましゅうはん》から西洋流砲術を伝授され、弘化三年（一八四六）に鉄砲方*兼帯を命じられるなど、海防への取り組みは続けた。その後、天保十三年（一八四二）に下田奉行が設置されたものの、翌々年には廃止された。一方、弘化三年にはビッドル率いるアメリカ軍艦が、嘉永二年（一八四九）

＊筒井政憲
（一七七八〜一八五九）旗本。伊賀守・肥前守などとも名乗る。目付、長崎奉行、町奉行などを歴任。嘉永六年（一八五三）から翌年にかけ、ロシアからプチャーチンが来航した際は、川路聖謨とともに長崎や下田で応接にあたり、日露和親条約の締結を担当した。

＊鉄砲方
江戸幕府が保有する銃砲の製造・管理を担当した役職。旧来は、和流砲術家である井上・田付の二家が世襲でつとめたが、天保十四年（一八四三）、西洋流砲術家として江川坦庵が代官との兼帯で鉄砲方をつとめるようになった。坦庵没後も英敏・英武がつとめた。部下として与力五騎、同心二〇人が配された。慶応二年（一八六六）十一月に廃止。

にはイギリス船マリナー号*が来航するといった事態が起きていた。

先の建言から十年後、嘉永二年（一八四九）五月に坦庵が提出した「農兵之儀ニ付中上候書付」は、緊急時の下田警備には小田原藩・沼津藩の出動は遅く当てにならない、そこで韮山代官所近くに住む百姓たちは自分の譜代の家来同様な存在で、また砲術訓練をほどこしているので、彼らを農兵に採用し手勢として召し連れたい、ついてはその手当てを支給してほしいという内容だった。まずは自分のすぐ身近から厳選し、農兵制を認めさせようと考えたのである。伊豆国には大名が置かれず、したがって城下町もなく、そこに住む武士たちも存在しなかった。近隣の小田原藩・沼津藩、あるいはかなり離れた掛川藩などの飛び地があったため、それらの藩に海防の義務が負わされたが、他人任せにするのではなく、

高島秋帆　『高島秋帆先生追遠法会記事』所載

＊マリナー号事件　嘉永二年（一八四九）閏四月、来航したイギリス軍艦マリナー号は浦賀や下田において勝手に測量を行った。韮山代官江川坦庵は下田で退去交渉を行い、無事去らせることに成功した。

伊豆人の伊豆人による伊豆人のための海防を実行すべしというのが坦庵の主張だったと思われる。

坦庵が農兵に採用しようとした代官所の近くに住む農民とは、古く平安時代に大和国から伊豆へ来住した江川家の先祖に付き従ったといわれる家来一三人の子孫で、伊豆国田方郡金谷村（現・伊豆の国市）の百姓一三軒のことである。彼らは単なる領民ではなく、土豪の系譜をひく世襲代官江川家にとっては譜代の家来ともいえる存在だった。高島流砲術を習得した坦庵は、配下の手代たちに砲術を身に付けさせたのみならず、もともと足軽や使用人として代官所で雇用する機会が多かった金谷村の百姓たちにもそれを学ばせていたのである。坦庵が下田でマリナー号に応対した際に韮山から率いて行った手勢四〇名余は、多くが金谷村の百姓たちだったと思われる。彼らは、いわば江川家の「私兵」のようなものだった。そのような身近な存在こそ、教育・訓練さえすれば農民は武力として十分に活用できるという自信を坦庵に抱かせたといえる。

嘉永二年（一八四九）五月の建言は、老中阿部正弘による海防体制強化のための評議用に作成されものであるが、当時、農兵に対する反対論は強く、坦庵と同様に農兵採用を主張したのは奥《おく》御《ご》右筆《ゆうひつ》組頭格竹村長十郎、目付井戸弘道（鉄太郎）の二人にすぎなかった（「農兵をめぐる議論と海防強化令」）。

坦庵没後の実現

坦庵による農兵採用建白のすぐ後、嘉永二年（一八四九）十二月には老中阿部正弘が諸大名に向け海防強化令を発するとともに、一般庶民に対しても、国防は国民全体の問題であり、二百年来の国恩に報いるためにも身分に応じた負担をすべしと命じた。農兵や屯田の採用は各藩の裁量に任された格好となったが、庶民にも対しても危機と協力を訴えた点からは、その実現が目前に迫っていたことがうかがえる。

坦庵は同三年六月にも農兵採用を建白するなど、その後もあきらめることなく意見を具申し続けた。そして、ついに嘉永六年（一八五三）五月十日、下田警備を目的に農兵を取り立てることが許可された。「備場役人等」の名目で足軽を新規召し抱えることは、手代の増員で事足りるとされ拒否されたものの、農兵については郷足軽とか村役人相当の名目で、「農兵一致の遺制とも合考いたし簡便実用の所置」として認められたものだった。

しかし、坦庵は、翌月のペリー来航以降、その対応などに多忙を極めたことから、念願の農兵取り立てを実行できないまま、安政二年（一八五五）に病死してしまった。

生みの親ともいうべき先覚者坦庵であるが、彼が農兵構想において、武士の役割を全否定した軍事体制を求めていたのか、あくまで武士の補助的な機能のみを考えていたのかは判然としないとされる（『江川坦庵』）。

坦庵が農兵採用を主張していたことは領民にも伝わっていたらしく、嘉永年間、駿河国富士郡吉原宿（現・富士市）の脇本陣当主鈴木香峰《すずきこうほう》*は、遊惰に流れる農村の弊風を一掃するためにも農兵制の導入が必要であると、自身の意見を坦庵に表明していた（『吉原市史』中巻）。鈴木の提言が嘉永六年五月十日以降になされたとすれば、下田警備に目的を限定した伊豆の農兵制採用に加え、自分が住む駿河東部でも同様の農兵取り立てを行ってほしいという趣旨だったと考えられる。

坦庵の跡を継ぎ韮山代官に就任した、その子江川英敏《ひでとし》*（太郎左衛門）は、文久元年（一八六一）十月に農兵採用を建議し、亡父のやり残した仕事を実

＊鈴木香峰
（一八〇八〜八四）

通称は伊兵衛、耕蔵。幕臣原権次郎の三男に生まれ、駿河国富士郡吉原宿（富士市）の脇本陣扇屋の養子となった。問屋をつとめ、箱根宿以西一三か宿の代表となったほか、韮山代官農兵の取り立てに貢献。水墨画を得意とした。

＊江川英敏
（一八四三〜六二）

通称は太郎左衛門。坦庵の三男。父没後、韮山代官を継ぐ。鉄砲方を兼帯し、講武所教授方をつとめた。江戸芝新銭座の大小砲習練場で幕臣・諸藩士に高島流砲術を伝授。坦庵が手掛けた韮山反射炉を完成させ、鉄製大砲を製造した。

江川英敏　公益財団法人江川文庫所蔵　中浜万次郎の撮影

現しようとした。そして、同三年（一八六三）十月六日、ついに幕府から、支配地に限り農兵採用を認めるという念願の許可が下りたのである。その間、英敏は若くして病死していたため、跡を継いだ弟の英武《ひでたけ》＊（太郎左衛門）が代官の時だった。当時、韮山代官支配地は、伊豆・駿河・相模・武蔵の八万石ほどであった。

なお、韮山代官管下の農兵については、「江川農兵」という呼び方がなされ、事典類にもそれで立項されている例もある。使いやすい用語であるが、当時そのように呼ばれたわけではないので、本書では「韮山代官が管轄する農兵」という意味で、あえて統一せず、適宜、韮山代官農兵、韮山代官所農兵、韮山代官の農兵といった言い方をする。

＊**江川英武**（一八五三〜一九三三）通称は太郎左衛門。坦庵の五男。文久二年（一八六二）、兄英敏の跡を継ぎ、幼くして最後の韮山代官となった。維新後は韮山県知事・権知事となる。岩倉使節団に伴いアメリカに留学、帰国後は内務省・大蔵省に出仕した。明治十九年（一八八六）以降は韮山に隠棲し、先祖や亡父が残した資料の整理・保存に尽した。

第二章

駿豆と武相の農兵

制度と編成

文久三年（一八六三）十一月八日、駿河国駿東郡原宿（現・沼津市）では、韮山代官所から農兵取り立てにつき説明があるので、問屋二名、取締一名のうち、一両日中に一名が出頭するよう達せられた。もちろん、他の宿村の役人たちも集められたはずである。そして、「盗賊悪党」や「外寇」に対処すべく、今般、村高・人員に応じて壮年強健の者の中から農兵を取り立て、農閑期に稽古を実施することとなったので、「国家之御為」、「子孫繁栄之基本」と自覚し、精励するようにといった口達がなされた。さらに、「別段内意」として、農兵取り立てが「御先々代之遺志」（江川坦庵の遺志）であること、銃隊を編成する農兵以外に神主・修験・医師らは他の武器で農兵を補助する

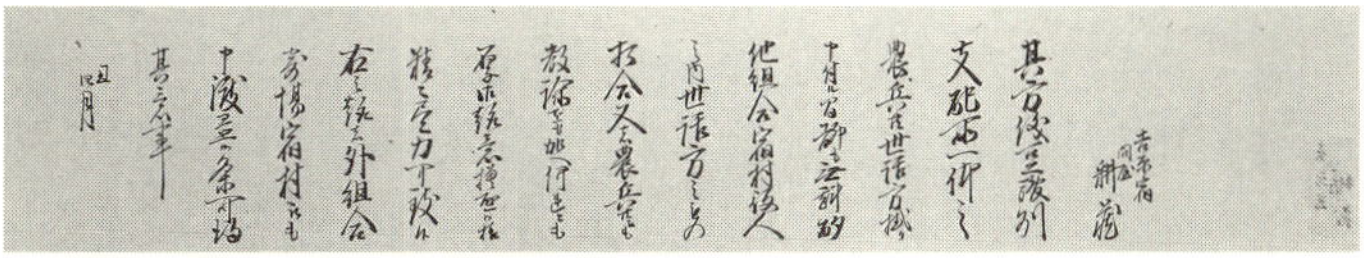

吉原宿問屋耕蔵に対する農兵世話方掛の辞令　慶応元年（1865）4月　富士市立中央図書館保管　伊豆・駿河全体の担当とされた。

韮山代官農兵の編成

「隊伍組立其外規則書」より

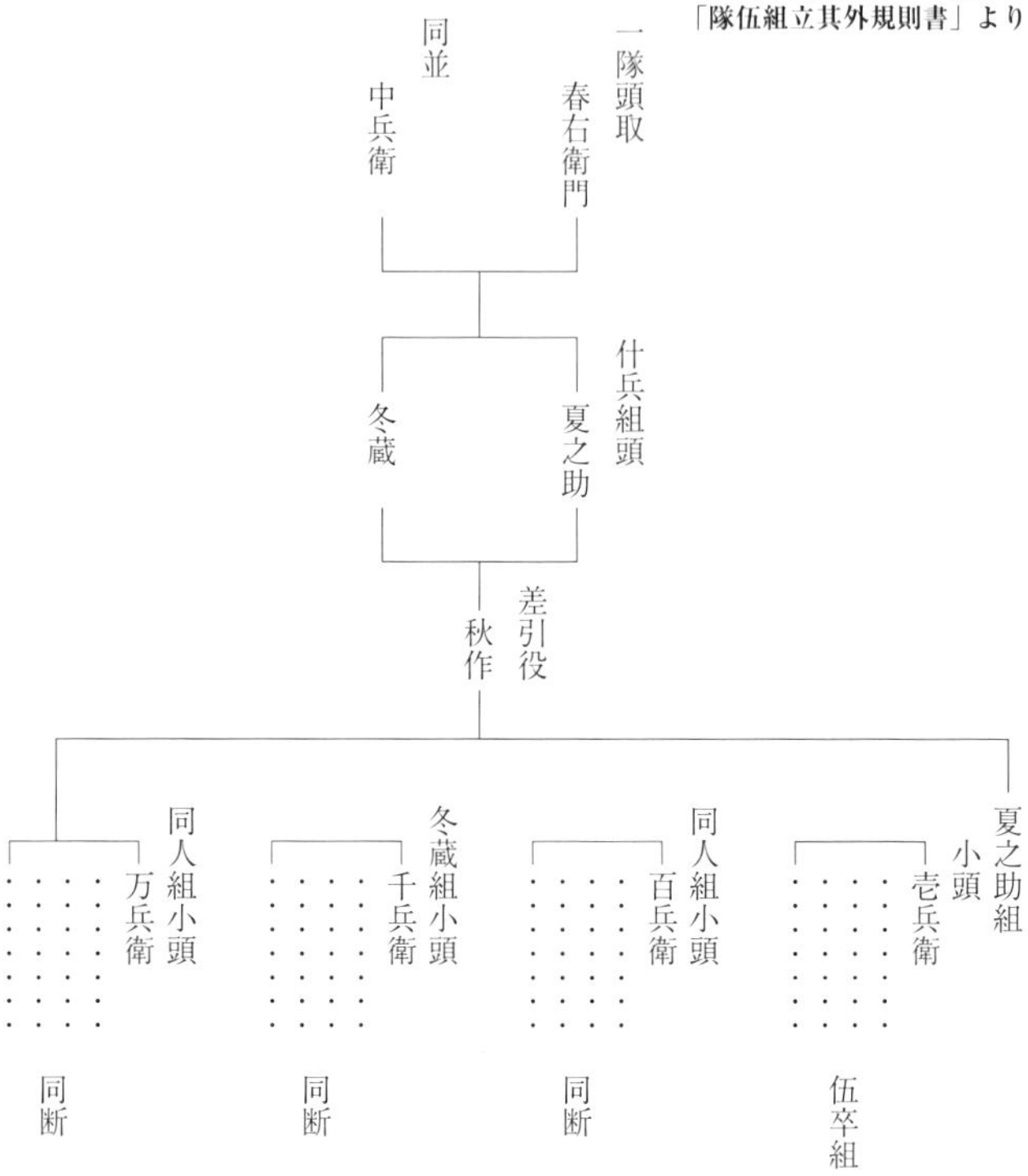

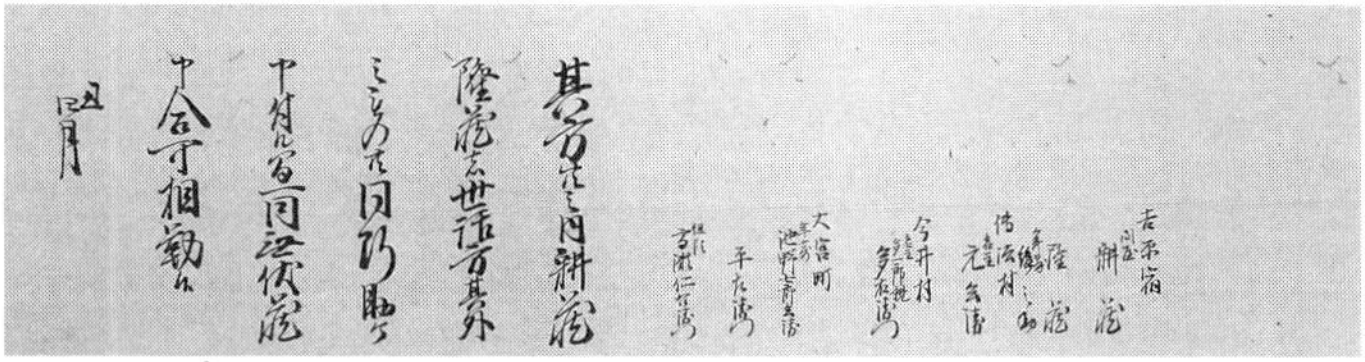

農兵世話方・世話方助の辞令　慶応元年(1865) 4 月　富士市立中央図書館保管　吉原宿問屋耕蔵・隆蔵を世話方に、同宿年寄、伝法村名主、今井村名主の父、大宮町年寄・組頭を世話方助に任命するというもの。

ことも構わないこと、銃や付属品などの経費は「御国恩」に報いるための寄付金によって賄うので、献金を奨励することなども伝達された。また、「隊伍組立其外規則書」によって、小隊頭取・頭取並と差引役の下、什兵組頭二名が、小頭《こがしら》一名と伍卒《ごそつ》四名からなる伍卒組二組・計一〇名を配下に置き、総計で二五名をもって一小隊とする編成案が示された（『原宿植松家　日記・見聞雑記　二』）。「隊伍組立其外規則書」は、武蔵・相模側の史料では「隊伍仕法」と記される。

なお、右に登場した頭取・什兵組頭・小頭・伍卒といった名称とは違い、実際に発足した後の史料には、豆駿州農兵惣世話方、吉原宿組合世話方、同世話方助、小隊役人、小隊組嚮導、小隊組といった役職・階級名が見られる（『吉原市史』中巻）。

世話方などは、先の口達の中で宿村役人から命じられることになっていた「世話懸」のことであろう。「農兵世話役」「農兵世話掛」「農兵稽古人世話掛」「農兵掛り」などと記された史料があるほか、「農兵世話方掛」の辞令も現存し、名称は区々である。武蔵・相模では改革組合村＊（改革取締組合）を統轄する寄場名主《よせばなぬし》がつとめた「農兵重立世話役」があったが、より大きな単位

＊改革組合村　改革取締組合とも。江戸幕府が関東地方の村方における治安維持のため、文政十年（一八二七）に設定した。領主の違いに関係なく、近隣の数か村から小組合をつくり、さらに複数の小組合をまとめて大組合とした。各組合の責任者は、村の名主の中から任命され、警察機能のほか、農間余業や職人の手間賃の統制などを行った。大組合の中核となる村を寄場といい、大組合全体の責任者を寄場名主と称した。

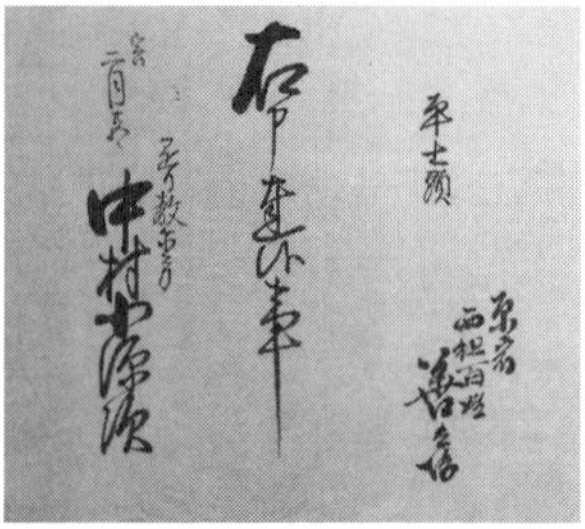

原宿百姓善兵衛に対する平士頭の辞令　慶応２年（1866）２月25日
個人蔵

での責任者であり、伊豆・駿河については先の「豆駿州農兵惣世話方」がそれに相当するものか。これらは、年齢も高い名主・年寄などがつとめ、兵士ではなく、事務上の管理者という立場だった。

小隊役人は頭取・同並などと同じであろう。嚮導は下士官なので小頭、小隊組は兵卒なので伍卒に相当するはずである。現物が残されている辞令には、半隊司令士、平士頭などがあり、半隊司令士が什兵組頭、平士頭が小頭に相当するものであろう。

編成については、一小隊が三八名、八小隊で一大隊（三〇四名）としたとする文献もあり（『静岡県田方郡誌』）、他に中隊という単位が記されたものもある。江川英敏による文久元年十月建議書には、「小隊司令士」「半隊司令士」「下有司」「押伍」「鼓手」といった職名が記されていることから、それが一部実現したといえるが、階級の名称や部隊の編成は時期や地域によって変遷があったと思われる。

なお、農兵の有力者の中には中隊長をつとめたとの履歴を有する者も出たが、実際は大隊以上の編成をとって動くことはほとんどなかった。そもそも農兵だけが大部隊で行動することは想定されておらず、たとえそのような場合が生起したとしても指揮官になるのは武士（たとえば江川代官）であることが前提となっていたと推察する。

右に述べた編成や階級など、農兵に関する軍事面での制度設計は誰が行ったのであろうか。当然、若年の代官江川英敏・英武兄弟にできたはずはない。

柏木忠俊　公益財団法人江川文庫所蔵　写真師内田九一の撮影。

実務面では、補佐役の筆頭である元〆《もとじめ》手附《てつけ》柏木《かしわぎ》忠俊《ただとし》*が農兵取り立てに大きな力を発揮した。柏木も坦庵の愛弟子として一通りの軍事知識を有していたはずであるが、他にも高島流砲術を身に付けた手代たちは少なくなかった。さらに、オランダ語の原書を自ら

***柏木忠俊**（一八二四～七八）旧名は総蔵。柏木家は代々江川家に仕え、韮山代官の手代をつとめた家柄。忠俊は坦庵に重用され、手代から元〆手附、普請役元〆格に進んだ。坦庵没後は英敏・英武を支え、農兵取り立てについても柏木が取り仕切ったと考えられる。維新後も韮山県大参事として知事英武を補佐し、明治四年（一八七一）足柄県が設置されると、参事・権令を経て県令に就任した。

読み、泰西の知識を直接参考にできた人材として、安政四年（一八五七）に江戸の江川塾（縄武館《じょうぶかん》）に招聘され、文久元年からは尼崎藩士の身分のまま、「江川太郎左衛門御鉄砲方附蘭書翻訳方出役」として幕府に出仕した大鳥圭介*が側近くにいた。そもそも、坦庵の頃から知られていたオランダ式軍制を参照しただけであれば、最新の知識はそれほど必要ではなかったのかもしれない一方、文久二年（一八六二）から開始された、歩騎砲の三兵を新設するという幕府の軍制改革に準拠するといった側面もあったかもしれない。

さて、文久三年（一八六三）十一月八日の韮山召集後、同月十一日には代官所のお膝元である田方郡山木村（現・伊豆の国市）の郷宿《ごうやど》*から、熱海村・下田町など伊豆東海岸や南部の村々に同内容の通知が発せられた。下田町では早速、農兵の人選を行い、同月中に十七歳から三十七歳までの一五名の名前を韮山役所あてに提出した。一五名のうち、十代・二十代が一三名、三十代は二名だけで、中には名主・年寄の息子四名も含まれていた。

同じ頃、武蔵国では、十一月十九日、田無村（現・東京都西東京市）に出張した元〆手附柏木忠俊・手代三浦剛蔵の旅宿に村々の名主が呼び集められ、農兵名前帳や献金書上帳などを提出させられた。

*大鳥圭介（一八三三〜一九一一）
播磨国赤穂郡の村医者の子に生まれ、緒方洪庵の適塾で蘭学を修めた。江川家が江戸に開いた私塾縄武館の教師として招かれ、その後、幕臣に取り立てられた。歩兵頭や歩兵奉行を経て、戊辰戦争では脱走軍の指揮官として戦い、箱館五稜郭で降伏。明治政府に出仕してからも官僚として活躍し、男爵を授けられた。明治期にも江川英武との交流は続いた。

*郷宿
公事宿ともいう。農民が訴訟のため城下町や陣屋に出向いた際に使用した定宿。裁判の手続きや書類作成などを補助し、弁護士・行政書士のような役割をはたした。

翌元治元年（一八六四）九月八日、山木村の郷宿から各地の村役人に向け、韮山への出頭依頼が発せられ、下田町の名主らは十八日に韮山着、柏木忠俊から農兵費用の献金を要請され、二十七日に帰郷した。郷宿と郡中惣代を兼ねた山木村の鈴木範左衛門も同日に下田に出張し、説諭のため近隣の村々の名主を訪ねている。下田町ではすぐに募金にとりかかり、同月中には八六名から九四両余の出金申込みを受け、二十八日、「上金名前書上帳」を持参し韮山へ向かった。また同月中に、下田町の豪商綿屋吉兵衛は「仏蘭西ボード砲」一挺を、同町名主清吉以下八名は小銃二〇挺を献納することを願い出ている（『下田市史　資料編二　近世』）。経済的に余裕のある町人たちは、あまり逡巡することなく積極的・好意的に要請に応えたといえよう。下田では、慶応元年（一八六五）六月から調練が開始され、以後、韮山から鉄砲方附田那村淳が派出し指導を行うようになった。

駿東郡大御神《おおみか》村（現・小山町）では、文久三年（一八六三）十二月、四十二歳の名主幸一郎が自ら農兵に応じると届け出たが、後に実際に農兵となったのは別の名主や組頭・百姓代の倅たちだった（『小山町史　第二巻　近世資料編I』）。名主としての職務や年齢のことを考慮し、再考したのかもしれない。

韮山に近い田方郡多田村（現・伊豆の国市）では、文久三年（一八六三）十一月十二日に村内でくじ引きを行い、農兵を選出した。そして、多田村の農兵一四名は、翌元治元年（一八六四）七月十日から実際の稽古が開始された（『韮山町史　第五巻　下』）。なお、文久三年（一八六三）の農兵取り立て認可から、翌年の訓練開始まで、半年以上の期間が空いたのは、具体的な方法を検討するなど着々と準備を進めたものの、それに対して幕府からの正式な「下知」がなかったからであろう。しびれを切らした韮山代官所では、禁門の変*直前、長州藩が大挙京都へ兵を動かすという情報とともに、箱根関所の警備を援兵すべしとの指令に接し、事実上農兵運用は正式に裁可されたとみなし、韮山陣屋や「中村大砲製造御用所」（韮山反射炉）の防備のためにも、「長日」（丁日・偶数日）は夕方砲術、「半日」（奇数日）は朝剣術という日程で訓練開始を村々に発令した。そして、韮山陣屋門前の枡形《ますがた》*において「生兵教練稽古」をスタートさせたのが七月十日のことだったのである（公益財団法人江川文庫所蔵「日記」）。

武蔵国では、各組合から派遣された農兵に対し、元治元年九月二十六日から江戸芝新銭座で調練が開始された。芝新銭座には韮山代官江戸役所があり、そ

＊禁門の変
元治元年（一八六四）に京都で起きた長州藩と会津・薩摩藩などとの武力衝突。長州藩は、前年の文久三年八月十八日の政変で失墜した京都での地位を回復すべく、上京したが敗北した。

＊枡形
城などで、敵が直進するのを妨げるため設けられた、門や壁に囲まれた四角形の空間。

こに付設された大小砲習練場は江川家が主宰した西洋流砲術の訓練場だった。

十月三日付で柏木忠俊が、田無村名主見習の下田三右衛門ら調練参加者たちに送った韮山からの手紙には、修行の進捗状況を褒め、帰府した時には「御手并之程」を一覧したいと記している。同月、やはり手代三浦剛蔵が下田三右衛門ら八名に送った手紙には、出府しての訓練参加は、家族も心配し、自身も生活面で不自由はあると思うが、「国家江之御奉公」であるとともに、「村々永代無事之基立」になることでもあり、是非とも出精してほしいなどと述べられており、きわめて親切・丁寧な内容となっている。手紙を送られた下田三右衛門以下は、いずれも各村の名主・組頭やその子弟たちであり、後に農兵世話役・世話役介に任命されている（『里正日誌』第八巻）。韮山代官の姿勢は、決して高圧的ではなく、できるだけ農民たちを説得し、趣旨を理解させ、その積極的な参加を促そうというものだった。

装備と調練

さて、その訓練担当者についてであるが、元治元年（一八六四）八月、江川英武の名で幕府に伺いが立てられ、御鉄砲方附教授方・御普請役格の山田清次郎・中村小源次・田那村淳・長沢房五郎・斎藤四郎之助・森田留蔵・岩島廉平、および手代・同格の中村惣次郎の計八名が、四か国の支配所に手分けして赴き、交代で農兵の教育・訓練にあたることが申請された（『江川坦庵全集　別巻一』）。高島流砲術を身に付けた、坦庵子飼いの手代たちが農兵を指導することとなったのである。

最初の訓練を終えた者は「小隊入」を命じられ、その段階ではじめて小銃や付属品が貸与されるという手続きだった。農兵に貸与された小銃は、江川坦庵がオランダ製の雷管式前装滑腔銃をモデル化し国産したゲベール銃*で、射程距離は五〇から一〇〇メートル程度という、当時としてはすでに古い技術段階のもので、火縄銃よりはましという程度だった（「江川代官と多摩の農兵」）。

貸し渡された小銃や付属品、弾薬については、厳重な管理が求められ、油で拭いて手入れを怠らないこととされた。また、「山猟」などに私的に使用することはもちろん、親子兄弟たりとも他人に又貸しすることは厳禁され、宿村役人から拝借証文を提出する義務もあった（『原宿植松家　日記・見聞雑記

*ゲベール銃
高島流砲術の普及とともに幕末の日本で広まった前装式滑腔銃。欧米ではマスケットと呼ばれたもの。ゲベールとはオランダ語で「小銃」の意味で、日本でだけマスケットのことをそのように呼んだ。

農兵が使用したゲベール銃　東村山ふるさと歴史館所蔵

葵の紋が付いた胴乱　国立歴史民俗博物館所蔵

二』)。多摩郡の村々の例では、「ケヘル」「同タス」「同カン入」「胴〆革」「三ツ股」「玉抜」「御紋付胴乱*」、もしくは「舶来形ケウエール御筒」「御紋付御胴乱」「御胴乱背負革」「雷管入」「御筒背負革」「剣袋」「三ツ俣」「玉取」というセットで貸し渡されている(『里正日誌』第八巻)。御紋付とあるので、胴乱には葵の紋章が付けられていたことがわかる。「将軍家の紋章葵の金紋を付しあるを以て当時無上の光栄となしたる」(『静岡県富士郡大宮町誌』)という。

　農兵の服装は、筒袖に裁着袴《たっつけばかま》、草鞋履《わらじば》き、腰には脇《わき》差《ざし》一本、朱塗裏の韮山笠をかぶったとする文献もあるが、すべての地域や時期でそうだったとは思えない。当

*胴乱
火薬を収納するために兵士が用いた革製の小型のカバン。

田無村の農兵が使用した韮山笠　西東京市教育委員会所蔵　こよりで編み、漆を塗って作られている。

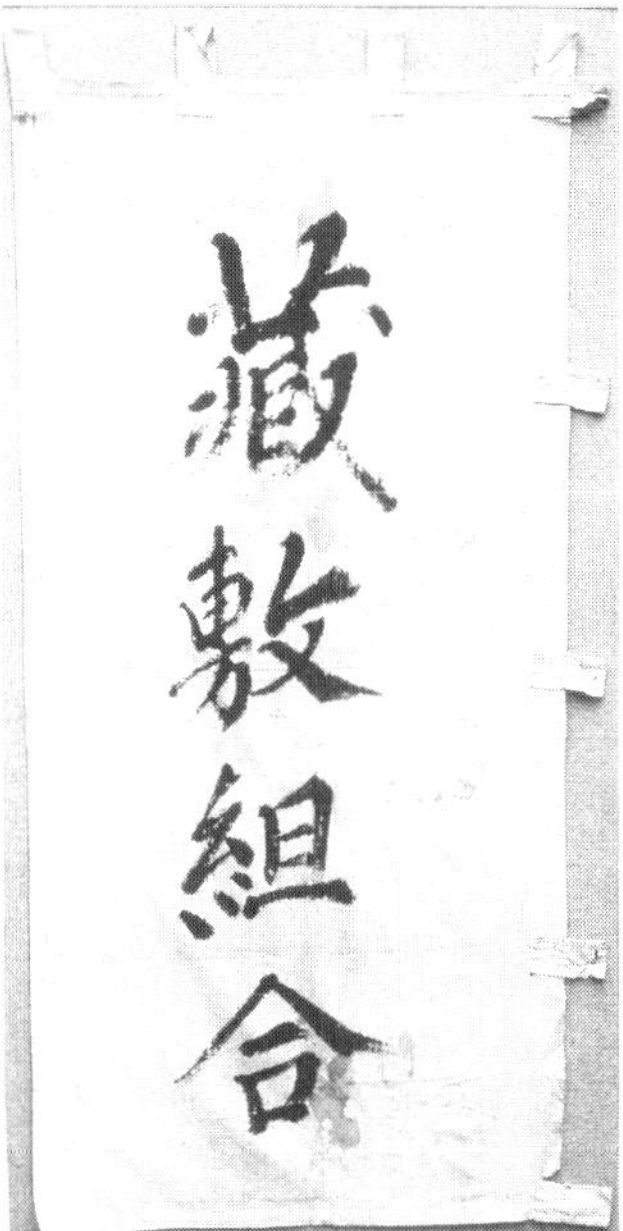

韮山頭巾　『守貞漫稿』所載

蔵敷組合の隊旗　内野家所蔵

初、服装などは各人が用意するものとされ、「異形」とならないよう注意された一方、武蔵国多摩郡の日野宿農兵では五七名分の揃いの羽織を作らせたほか、同郡蔵敷《ぞうしき》村農兵は見廻り時、正面に日の丸を描いた白鉢巻きを着用したとされ（「武力を担う百姓の意識―江川農兵の農兵人を事例として―」）、制服を着ることによって一体感や高揚感を醸し出したことがうかがえる。隊旗を作製した例もあった。後述する武州世直し一揆の鎮圧に加わった際、日野宿農兵は、丸に「の」の字を記した旗、同じく駒木野農兵は、日の丸や白地に「尽忠報国」の文字が入った幟を押し立てたという（『武州世直し一揆史料（二）』）。

なお、江川家に伝来した資料に、ヘルメット型のかぶり物が四〇個以上ある。古風な錣《しころ》が付いたその形は、戦国時代以来の兜のようでもあり、断定はできないものの残存数からいって農兵用のものだった可能性がある一方、重量からすると機動性を要した歩兵用ではなく、砲兵用だったかもしれない。ちなみに、藪くぐりとも呼ばれた折り畳み式の韮山笠以外にも、韮山頭巾《ずきん》（講武所頭巾）と称するかぶり物が江川太郎左衛門によって考案され、幕府陸軍や諸藩に普及しているが、それは黒色の天鵝絨《ビロード》製だったというので（『守貞謾稿図版集成』）、兜ではないはずである。

● 韮山代官支配関係図

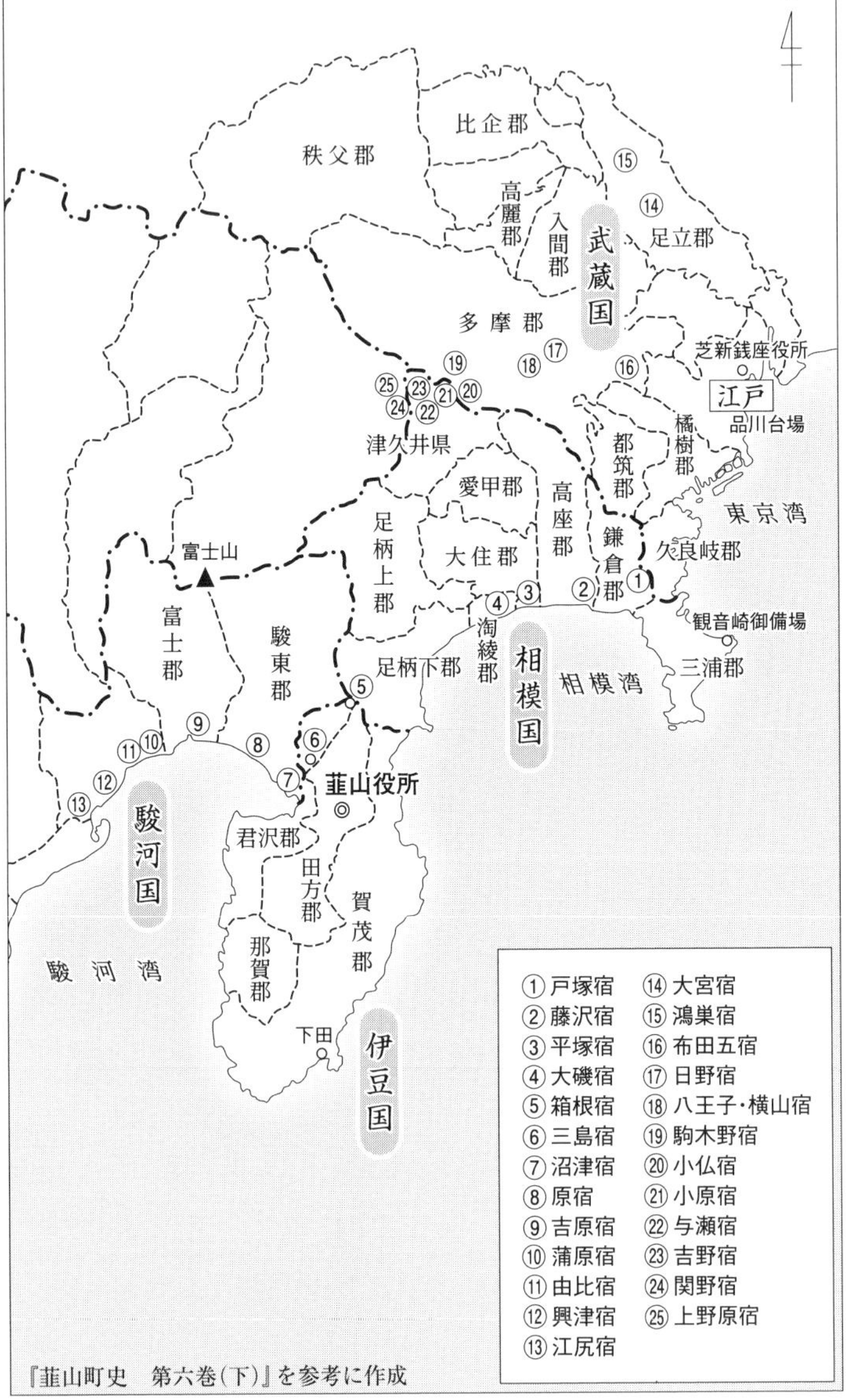

『韮山町史　第六巻（下）』を参考に作成

農兵の調練場（習練場）は、表1に示したように小隊編成のため設定された組合のうち、宿村の中の中心地ともいうべき場所に設定された。代官所のお膝元、金谷村組では、北条早雲ゆかりの韮山城*址の一画である権現平に置かれた。三島宿組の場合は、韮山代官所の三島出張陣屋前の広場があてられた。他に伊豆では賀茂郡下田町（現・下田市）の武ケ浜波止場《はとば》（最初は八幡神社・宝福寺境内）、駿河では、駿東郡原宿（現・沼津市）の問屋場向屋敷、富士郡松岡村（現・富士市）の富士川河原などに置かれたらしい（『江川坦庵全集別巻二』『南豆風土誌』）。駿河国富士郡大宮町（現・富士宮市）では、畑だった中

＊韮山城
十五世紀末に北条早雲によって整備された平山城。早雲はここを拠点に相模国へ勢力を拡大し、この城で没した。その後、北条氏の本拠は小田原に移ったが、天正十八年（一五九〇）の小田原征伐では、北条氏規が籠城し、豊臣軍を迎え撃った。徳川家康の関東入部後は、その家臣内藤信成が城主となったが、慶長六年（一六〇一）廃城。

表1
韮山代官の農兵取り立ての単位

国	組合（親村）	宿村数
伊豆	金谷村	6
	三島宿	8
	瓜生野村	12？
	網代村	5？
	下田町	10？
	青野村	7？
駿河	原宿	13
	吉原宿	5
	大宮町	4？
武蔵	田無村	21
	日野宿	23
	八王子	7
	駒木野小仏	10
	青梅村	13
	五日市村	18
	拝島村	28
	氷川村	16
	檜原村	1
	上新井村	21
	木曽村	11
相模	藤沢宿	8
	瀬谷野新田	1
	寺山村	1
	日連村	10
	中野村	6

金谷村組合は金谷・山木・土手和田・多田・中・北江間の6か村、三島宿組合は三島・塚原新田・市ノ山新田・三ツ谷新田・笹原新田・木瀬川（以下3村は駿河国駿東郡）・徳倉・大御神の8宿村、吉原宿組合は吉原・依田橋・鈴川・今井・伝法の5宿村。原宿組合を構成する13宿町村は表5を参照のこと。？は組合を構成する村名・村数を未確認。

原という場所に置かれたことがわかっている。他に詳細な位置は不明ながら、小隊が置かれた組合毎の調練場として、伊豆国田方郡瓜生野《うりゅうの》村（現・伊豆市）、賀茂郡網代《あじろ》村（現・熱海市）、賀茂郡青野村（現・南伊豆町、組合は南組と呼ばれた）などにも調練場があったらしい（公益財団法人江川文庫所蔵「伊豆駿河国農兵組合村其外麁絵図」）。なお表1では、伊豆は六つの組合に分けられたとしたが、伊豆中部の「湯ヶ島組」と「狩野大見組」が別記された文書があることから、七組合だった可能性もある。

相模・武蔵では、文政十年（一八二七）に設定されていた改革組合村が農兵取り立ての単位とされたので、組合の数である一五か所が最低線であったが、実際には武蔵国多摩郡に二〇、相模国高座《こうざ》郡に三、大住《おおすみ》郡に一、津久井《つくい》県に二か所の調練場が設置されたらしい（「関東郡代の再興と組合村」）。多摩郡蔵敷村（現・東大和市）では、宇《あざ》山王塚の畑に八一〇坪ほどの習練場を新設することを願い出た。桁《けた》行五間、梁《はり》間二間の「屯所」を建設したというので（『里正日誌』第八巻）、調練の際には建物も必要とされたことがわかる。ただし、寝泊まりするための兵舎ではなかったはずなので、休憩・食事・着替えなどに使用されたものと考えられる。

また、江戸芝新銭座の韮山代官役所・大小砲習練場はセンター機能をもった調練場所となり、先述した田無村名主見習のごとく、元治元年（一八六四）九月には武相の農兵が集められ、いわば幹部候補としての特訓が開始された（『所沢市史』上）。帰村した彼らを中心に各地での調練が本格化することとなった。幹部候補生たちは、「高島流砲術出精ニ付」として、やがて農兵稽古人世話掛りに任命されたが（『里正日誌』第八巻・第九巻）、習得したのが高島流とされている点は、江川家の芝新銭座大小砲習練場で教えられた砲術があくまで高島流だったからである。

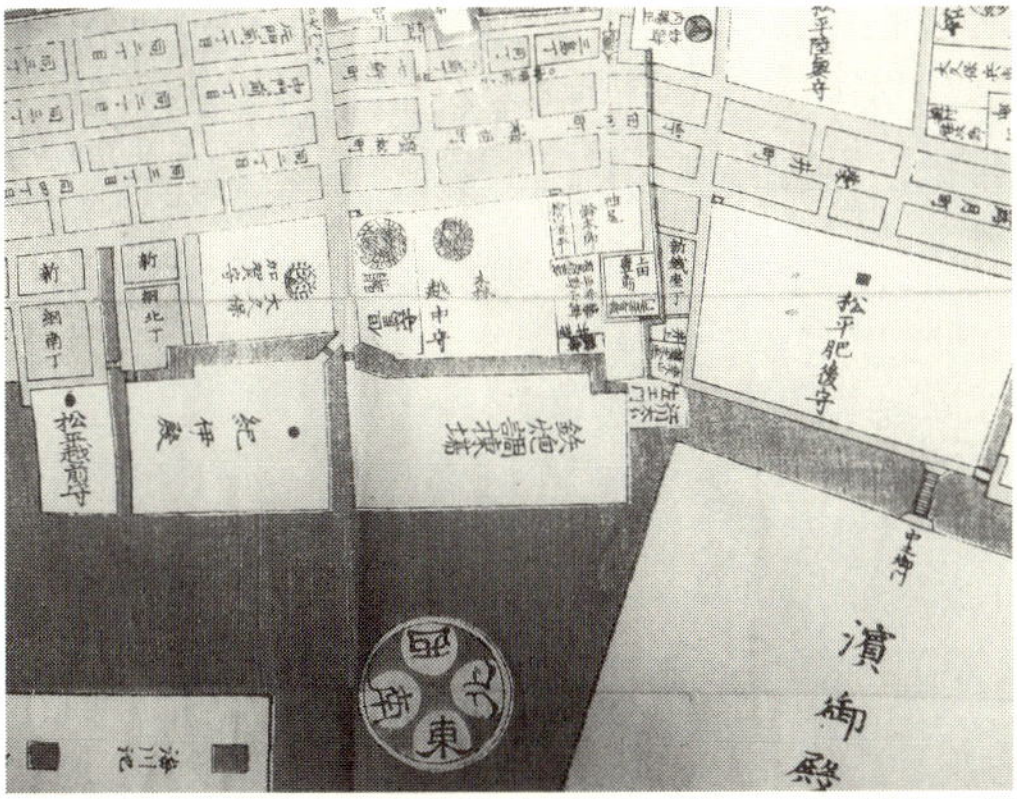

江戸切絵図に描かれた韮山代官の芝新銭座大小砲習練場　個人蔵　「江川太郎左ヱ門」「鉄砲調練場」の文字が記されている。『増補改訂芝口南西久保愛宕下之図』（万延元年刊、尾張屋清七）の一部

元治元年には横浜駐屯イギ

リス軍に指導を受けての幕府陸軍伝習も始まっていたほか、慶応三年からはフランス軍事顧問団＊による仏式陸軍伝習が開始されることになるが、江川門下の高島流という限りでは、農兵の訓練はオランダ式だったということになる。韮山代官所が作成した元治元年「農兵御貸附金請払仕訳書」に購入記録がある『歩兵練法』、『歩兵心得』、『歩兵制律』、『野戦要務』といった幕府陸

『歩兵練法』　沼津市明治史料館所蔵　元治元年(1864)、大鳥圭介訳、幕府の陸軍所が刊行。韮山代官所の元治元年「農兵御貸附金請払仕訳書」に購入したとの記載があり、農兵訓練用に使用されたのかもしれない。

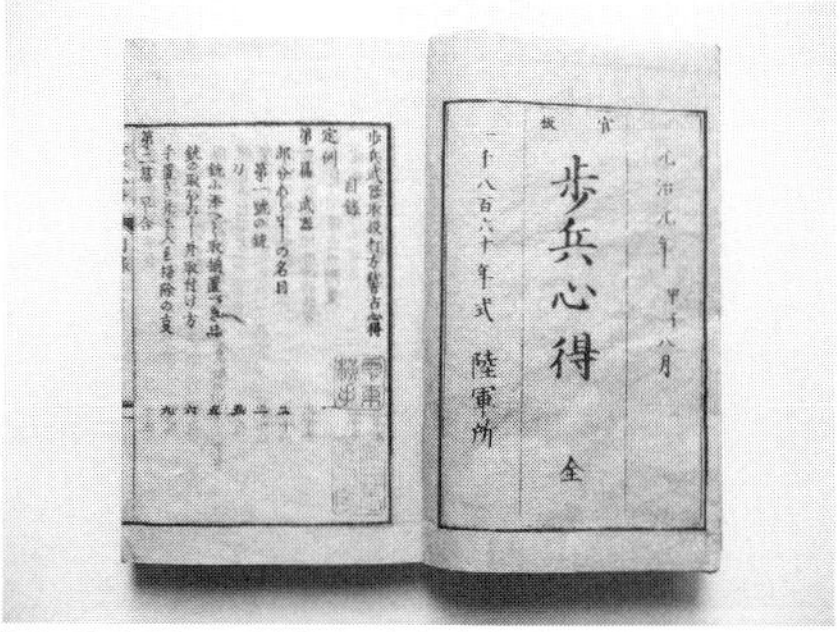

『歩兵心得』　沼津市明治史料館所蔵　元治元年(1864)、大築尚志訳、幕府の陸軍所が刊行。やはり韮山代官の帳簿に購入記録あり。

＊フランス軍事顧問団
慶応二年（一八六六）十二月、幕府が陸軍の教育・訓練のため招聘したフランス陸軍の教官団。団長はシャノワーヌ。横浜と江戸で歩兵・騎兵・砲兵の三兵伝習を実施した。幕府瓦解により帰国。

軍所*刊行の書籍は、農兵訓練用として使用された可能性があるが、いずれもオランダの原書からの翻訳である。

調練は、駿東郡原宿における慶応二年（一八六六）一月から四月までの例では、一、二月が雨天の日を除きほぼ毎日行われたのに対し、三月以降は三日、十三日、二十三日といった「三」の付く日だけになるなど、開催日が大幅に減っている（『静岡県原町誌』）。農繁期・農閑期によって日数を増減させたものと考えられる。慶応元年十月の伊豆国田方郡山木村他四か村（現・伊豆の国市）の例でも、稲刈りのため、それまでの「二」「七」の日から、「二」の日だけに稽古日が減らされている（『韮山町史　第五巻　下』）。

慶応元年（一八六五）三月十日、三島宿農兵と金谷組農兵、合わせて一六〇名を集めて実施された大調練では、一人につき二〇発の弾薬が配布され、火砲二門も引き出されたという（『韮山町史　第五巻　下』）。時により合同での大規模演習が行われたことがわかる。同年四月十三日には原宿、十四日には吉原宿、十五日には大宮町で調練が実施され、少年代官江川英武も自ら視察した。十四日には随行した元〆手附柏木忠俊が農兵たちに対し、「掟万端」を言い渡し、親しく「よみきかせ」を行っている（『駿州富士郡大宮町角田《かくだ》

*陸軍所
幕府の陸軍教育機関。安政三年（一八五六）に創設された講武所の後身で、慶応二年（一八六六）に改称したもの。ただし、講武所時代の剣術・鎗術・柔術などは排され、西洋式による陸軍教育を目的とした。陸軍奉行の管下で、江戸の神田小川町にあった。

桜岳《おうがく》日記＊』五)。

慶応二年二月十二日に「韮山附六ケ村三島組」が「荒寅之台」(調練場の場所らしい)で「大隊調練稽古」を実施、昼には五目飯が給され、柏木らが付き添い英武も観閲した。同年十二月十五日には「農兵納かゐ」(納会)として金谷組五か村と三島附農兵が総出で、「新粟之台」で大隊調練を行い、やはり英武もお供の岡田直臣《おかだなおみ》＊らとともに出張している(公益財団法人江川文庫所蔵「日記」)。

調練にあたっては、細々とした規則書が定められた。表2は、慶応元年(一八六五)四月に定められ、六月に田無村の習練場・屯所に張り出されたものである。実務や技術に関わることから、精神論的なことまで含まれる。

慶応元年時点で、駿豆と武相の農兵数は各五五〇名、計一一〇〇名が取り立てられた。老幼婦女を除き、一〇〇人につき一人の割合だったとされる。それだけの数の農兵を維持・運営するための財政的裏付けは、幕府の支出だけではなく、先に述べたように、地域住民に対し広く求められた献金にあった。支配地から農兵創設基金として一万両余を集め、それを馬喰町《ばくろちょう》貸付金として運用し、生み出された利子を農兵の経費にあてるという方法をとっ

＊角田桜岳
(一八一五〜七三)
旧名は佐野与市、諱は定経。桜岳は号。駿河国富士郡大宮町(富士宮市)の素封家。町年寄をつとめたほか、富士山麓の万野原で開墾を行った。新しい学問への関心が深く、地球儀の製作を行った。息子鍬太郎とともに韮山代官の農兵取り立てに協力したと思われる。

＊岡田直臣
(一八四一〜一九一五)
旧名は三郎。韮山代官手代岡田幸作の養子となり、自らも手代をつとめた。妻喜佐子は斎藤弥九郎の娘。明治期には韮山県権大属、足柄県中属、君沢田方郡長、宮内省御料局会計課長などをつとめた。直堂と号し、書を得意とした。

表2　慶応元年（1865）4月発布の規則書（口語訳）

一　火術は危険なので火薬の出し入れや銃砲の取り扱いは慎重にすること。空砲であっても他人に筒先を向けないこと。 一　たとえ上達しても、本志が浮薄では実用に役立たないので、真の修行に専心すること。 一　出席中は雑談は無用とし、規則に外れた場合は階級を下げるので、隊伍をなした際には軍中であると自覚すること。 一　渡された鉄砲とその付属品は大切に手入れし、粗略にしないこと。 一　礼節を正しく、謙遜の態度で、他人の技能を悪評したり、初学の者を馬鹿にしないこと。また他の宿村組合の操練を誹謗したりせず、非常時には応援する間柄なので仲良くすること。技能について評価する場でも怒気の言葉を発しないこと。 一　弁当は握り飯、香物、味噌、梅干しに限り、酒肴や菓子は持参しないこと。 一　稽古着は有り合わせのもので質素にし、身を飾りたてるような異形は決してしないこと。 一　東海道筋はもちろん、通行の妨げにならないようにし、ガサツな言葉や挙動に慎むこと。稽古着のままでの物見遊山は禁止。 一　隊伍役掛の心得方はおって布達するので、それまでは教示方の指示通り心得ること。 一　弾薬は取り締まりを厳重にすること。 一　世話掛や宿村役人の申し付けに違背しないこと。 一　御用通行の役人が操練を一覧する時には不敬がないようにすること。 一　爆薬を取り扱うので火の元は特に注意すること。

『里正日誌』第八巻より作成。

た。馬喰町貸付金とは、勘定奉行の監督下、関東郡代が事務をとる馬喰町御用屋敷において、民間に対し貸付を行った公金のことである。武蔵・相模の支配地からは総計七八四七両の献金がなされた。

元治元年二月に三島宿で作成された「農兵御取立永続講趣法書」、同年三月に藤沢宿とその近隣村々で作成された

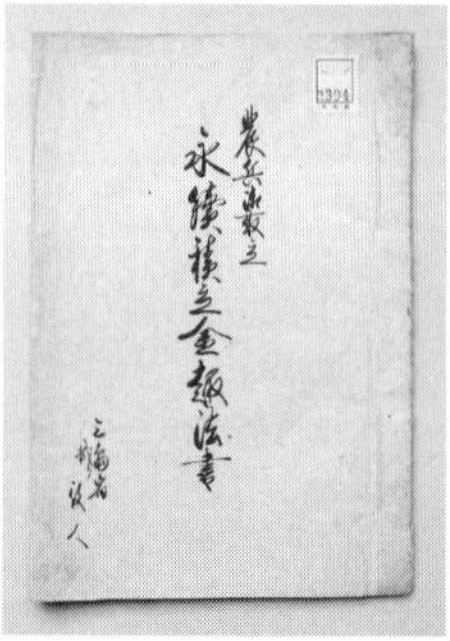

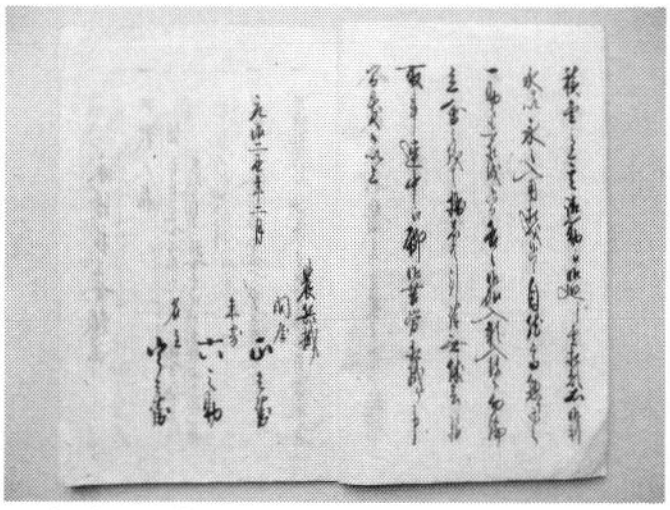

三島宿の農兵御取立永続積立金趣法書
元治２年(1865)　公益財団法人江川文庫所蔵

「農兵相続仕法講連名帳」などに表れた講*組織も、経費負担のため各地でとられた手法であった。三島宿のそれには、「農兵掛り」でもあった名主・年寄・問屋の連名で、有志の出金によって稽古場や屯所はすぐに完成するものの、今後の玉薬代や諸雑費など維持費のことを考慮し、九〇口の講金を企てたので、その利永をもって農兵永続のための費用に充てたいとの趣旨が記されていた（公益財団法人江川文庫所蔵）。

*講　無尽講、頼母子講。複数の個人が拠出した資金を積み立て、運用・貯蓄し、競りや抽選によって金品の給付を受けるしくみ。庶民のための金融として発達した。

教育・訓練の指導者

先にも触れたが、ここで農兵の訓練を担当した韮山代官の属僚たちに着目してみたい（表3）。単なる農民を一端《いっぱし》の兵士にまで仕上げるには、専門的な知識・技能を習得した者による適切な指導と教育・訓練が必要だった。史料の上では、「農兵差図役」、「農兵教示方」、「農兵教育方」といった肩書で登場する、森田留蔵《もりたとめぞう》、岩島廉平、田那村淳（松郎・吉廸）、斎藤四郎之助（善孝）、中村惣次郎（義和）、長沢三治（三司）、長沢良吉らである。相州御《お》備《そなえ》場附《ばつき》として赴任した安井忠規（晴之助）、山田広業《ひろなり》（山蔵・清次郎）、中浜万次郎らも、当然ながら同地で農兵訓練を担当したであろう。口絵写真で紹介した農兵の辞令に発給者として名前が記されていた中村小源次（義之《よしゆき》）も教官役だったはずである。

彼らはいずれも韮山代官配下の手代であり、上司でもあり主人でもあり師匠でもあった江川坦庵に育てられたといってもよい、高島流砲術の達人たちだった。安政期に戯れに作成されたと思われる、江川門下の砲術家番付表からもその名を見出すことができる。中村義之・安井忠規が東の前頭、山田広業・田那村淳・斎藤四郎之助が西の前頭といった具合である。また、手代たちは単に同僚・同門だったのみならず、系図に示した通り、姻戚関係でつな

表3　農兵の訓練・教育を担当したと思われる韮山代官の属僚

氏　名	生没年月日	韮山代官所以降の幕末履歴	維新後の履歴
岩島廉平	文政11年8月～？	御鉄砲方附手代、相州御備場附	足柄県等外四等出仕
甲斐芳太郎		相州御備場手附頭取・御普請役格、仏蘭西歩兵科伝習人	静岡藩士・中泉割付
斎藤善孝（四郎之助）	天保8年4月28日～明治26年4月3日	御鉄砲方附手代見習・御普請役格、相州御備場附、仏蘭西歩兵科伝習人	会計官鉱山司
田那村淳（松郎・吉廸）		御鉄砲方教示方、御鉄砲方附手代・御普請役格、相州御備場附	※養嗣子田那村謙輔（謙吉）は静岡藩浜松学校教官、下田で私塾
長沢三治（三司）		御鉄砲方附手代、学構附御手代	
長沢房五郎（忠厚）	天保7年11月12～明治39年4月25日	御鉄砲方附手代見習・御普請役格、相州御備場附、仏蘭西歩兵科伝習人	
長沢良吉		手附、農兵差図役、横浜英学伝習生徒	
中浜万次郎（信志）	文政10年1月1日～明治31年11月12日	海防附・手附・御普請役格、御鉄砲方教示方、御鉄砲方附手附・御普請役格、御軍艦操練所教授方出役、相州御備場附	開成学校二等教授
中村惣次郎（義和）		御鉄砲方附手代、相州御備場附	
中村義之（小源次）	文政8年5月～明治33年2月22日	書役、手代、御鉄砲方教示方、御鉄砲方附手代・御普請役格、歩兵差図役下役並勤方	静岡藩士・駿河国駿東郡根古屋村移住
増山鍵次郎（大沢克之助・柳沢敏克）	？～明治25年4月5日	手代・公事方	土木大令史准席測量係、工部省電信寮十三等出仕
浅田耕（三浦剛蔵・光谷耕蔵）		手代、撒兵勤方、歩兵差図役頭取勤方	静岡藩沢田学校所教授方、韮山県大属試補、足柄県十一等出仕、足柄裁判所司法権中解部、海軍省主船寮権大属
森田留蔵（忠毅）	弘化4年2月10～大正6年1月8日	書役見習、御鉄砲方附手代、咸臨丸渡米、手附、相州御備場附	岩倉使節団随行留学生、牧羊社主幹、大日本農会会員
安井忠規（晴之助）	天保3年9月22日～明治15年12月28日	手代、御鉄砲方教示方、御鉄砲方附手代・御普請役格、相州御備場附	海軍省主船寮大属
山田広業（山蔵・清次郎）	天保2年12月～？	手代、御鉄砲方教示方、御鉄砲方附手代・御普請役格、相州御備場附	韮山県少属准席、足柄県十四等出仕、君沢田方郡役所書記

各種文献・史料・墓石等より作成。増山は事務的な世話役であり、教授とはいえない。

がってもいた。

銃隊である農兵にとって小銃の取り扱いは基本であり、西洋流の砲術と歩兵操練は訓練の中心であった。それ以外に、白兵戦になった際に必要な剣術や銃剣術も学ぶべきものとされた。坦庵の部下であり親友でもあった神道無念流*の剣客斎藤弥九郎（篤信斎《とくしんさい》）の息子、斎藤四郎之助が主に剣術の指導を担当した。明治期に作成された農兵経験者の履歴書に、斎藤に剣術を学んだことが多く記されるのは、そのためである。

斎藤弥九郎　『戊辰物語』所載　韮山代官
農兵に剣術を教えた斎藤四郎之助の父。

韮山代官所のお膝元で、江川家譜代の家来としての由緒を有した金谷村の農兵たちは、元治元年（一八六四）七月、「剣術砲術規則書」を定め、「敬慎第一」を自覚して粗暴・不作法をせず、代官や手附・手代、教授たちに対し礼儀を守ることなど、日常の立ち居振る舞いにつ

＊神道無念流
江戸中期の宝暦年間に創始された剣術の流派。斎藤弥九郎（篤信斎）・江川坦庵・藤田東湖・渡辺崋山ら名士が、岡田十松の撃剣館に学び、斎藤は自ら江戸に練兵館という道場を開いた。弥九郎の長男斎藤新太郎は長州藩に流派を広め、木戸孝允らも神道無念流に入門している。

いての注意事項を明文化している。同村の農兵は「金谷砲剣組」と名乗ったようであり、慶応二年（一八六六）十二月には稽古に一層励むよう、誓約している（『韮山町史　第五巻　下』）。その筆頭に署名した俊七は、天保十二年（一八四一）五月に行われた高島秋帆による徳丸原演練*に亡君江川坦庵とともに参加、翌年九月には坦庵の供一五名の一人として老中真田幸貫《さなだゆきつら》の屋敷に赴き、邸内の馬場で「小筒備打」を披露した（『高島流砲術史料　韮山塾日記』）、大原俊七と同一人物である可能性が高い。また、現存する元治元年発給の目録から、同村の農兵大原宇兵衛は斎藤四郎之助から神道無念流を学んだことがわかる。特異な位置にあった金谷村の農兵たちは、江川家への忠誠心と剣術・砲術の修練を通じて、武士的な心情を強く育んでいたといえる。

なお、金谷村以下六か村の組合は、「御用達場附」という名目で、韮山代官所を警衛する任務を負った特別な農兵として位置づけられ、一二〇名の中から二〇名が交代で出役し、夜警のための手当などを支給された（『韮山代官江川氏の研究』）。

*徳丸原演練　天保十二年（一八四一）五月九日、幕府の許可のもと、高島秋帆とその門弟たちが武蔵国豊島郡徳丸原（板橋区）で行った西洋流砲術にもとづく大砲発射や銃隊運動の演習。終了後、江川坦庵と下曽根信敦（金三郎）が高島へ入門することになった。

坦庵門下たちの分かれ道

ところで、写真を掲げた番付表にもあった、江川坦庵の下で親しく高島流砲術を身に付けた韮山代官手代たちは、やがて二つの進路によって分けられることとなった。長崎海軍伝習所＊に派遣されたことから、幕府海軍の士官となる者、そして幕府陸軍の士官となる者が輩出し、彼らは新規召し抱えとして直参に取り立てられていったのである。具体的には、文久元年（一八六一）七月に諸組与力格御軍艦組一等となった柴貞邦《しばさだくに》（弘吉）、同二年十二月に富士《ふじ》見《み》御宝蔵番格《ごほうぞうばんかく》御軍艦組頭取となった肥田浜五郎《ひだはまごろう》＊、同三年二月に富士見御宝蔵番格歩兵差図役頭取《ほへいさしずやくとうどり》勤方《つとめかた》となった山田熊蔵（純敏《すみとし》）、同年七月に同前役になった八田公道《はったきんみち》（篤蔵）、同年八月に同前役になった市川英俊《いちかわひでとし》（来吉）らである。そもそも現地採用である代官手代は正規の武士身分としては位置づけられていなかったのであるが、彼らは江川家と同格の旗本身分を獲得し、見事な立身を果たしたことになる。他にも望月大象・安井定保（畑蔵）・松岡盤吉《まつおかいわきち》らも海軍士官に抜擢され、中央を活躍の場とするようになっていった（「韮山代官手代の直参化と維新期の対応」）。

身分上昇を果たし韮山代官所を去った者たちは、農兵取り立てが実現した

＊長崎海軍伝習所
安政二年（一八五五）から同六年（一八五九）まで長崎に設けられた幕府の海軍教育機関。招聘されたオランダ人海軍士官により、幕臣や佐賀藩士・薩摩藩士らに教育が行われた。勝海舟・榎本武揚らが出身者として有名。

＊肥田浜五郎
（一八三〇〜八九）
伊豆国賀茂郡八幡野村（伊東市）の医師の子。父が韮山代官江川坦庵に仕えたことから、坦庵に師事し、高島流砲術を学ぶ。長崎海軍伝習所に派遣され、咸臨丸で渡米するなど、以後は幕府海軍の士官として活躍、やがて旗本に取り立てられた。維新後は明治政府に出仕、海軍機関総監や御料局長官をつとめた。

江川門下の砲術家番付表　個人蔵

時期がそれより後だったことから、いずれも農兵の訓練・教育を担当することはなかった。唯一、中村義之（小源次）は、手代として農兵訓練を経験した後、慶応二年（一八六六）四月に歩兵差図役下役並勤方として新規召し抱えとなっている。

文久から慶応期、幕府は軍制改革を断行し、直轄軍の近代化に邁進したが、代官管下の農兵はそれらの動きとは無関係だった。同じ軍事面での業務を担当するにしても、れっきとした幕臣たちからなる中央の正規軍を指導・教育する役目のほうが、ローカルな農兵を指導・教育する役目よりもずっと誇らしかったはずである。

年不明ながら、幕府海軍の士官伴《ばん》鉄《てつ》太《た》郎《ろう》*が同じ海軍士官肥田浜五郎に宛てた手紙があり、それには、相談のあった「韮山農兵差図役身分之儀」について検討したものの、「純然之御家人ニ相成候迄」との結論に至ったといったことが記されている（柏木家文書）。すなわち、農兵差図役をつとめる韮山代官手代らの身分的な位置づけについて、幕府内で検討がなされた結果、御家人として扱うことになったらしい。

先述したように肥田は、江川配下の手代から幕府海軍士官として抜擢され、

*伴鉄太郎
（?〜一九〇二）
幕臣。箱館奉行支配調役並を経て、長崎海軍伝習所に学ぶ。咸臨丸の太平洋横断に参加し、その後は軍艦操練所教授方頭取出役や軍艦頭などを歴任した。維新後、静岡藩の沼津兵学校一等教授となり、明治政府では海軍水路部副長をつとめ、海軍大佐となった。

農兵を指導した韮山代官所手代たちの姻戚関係図

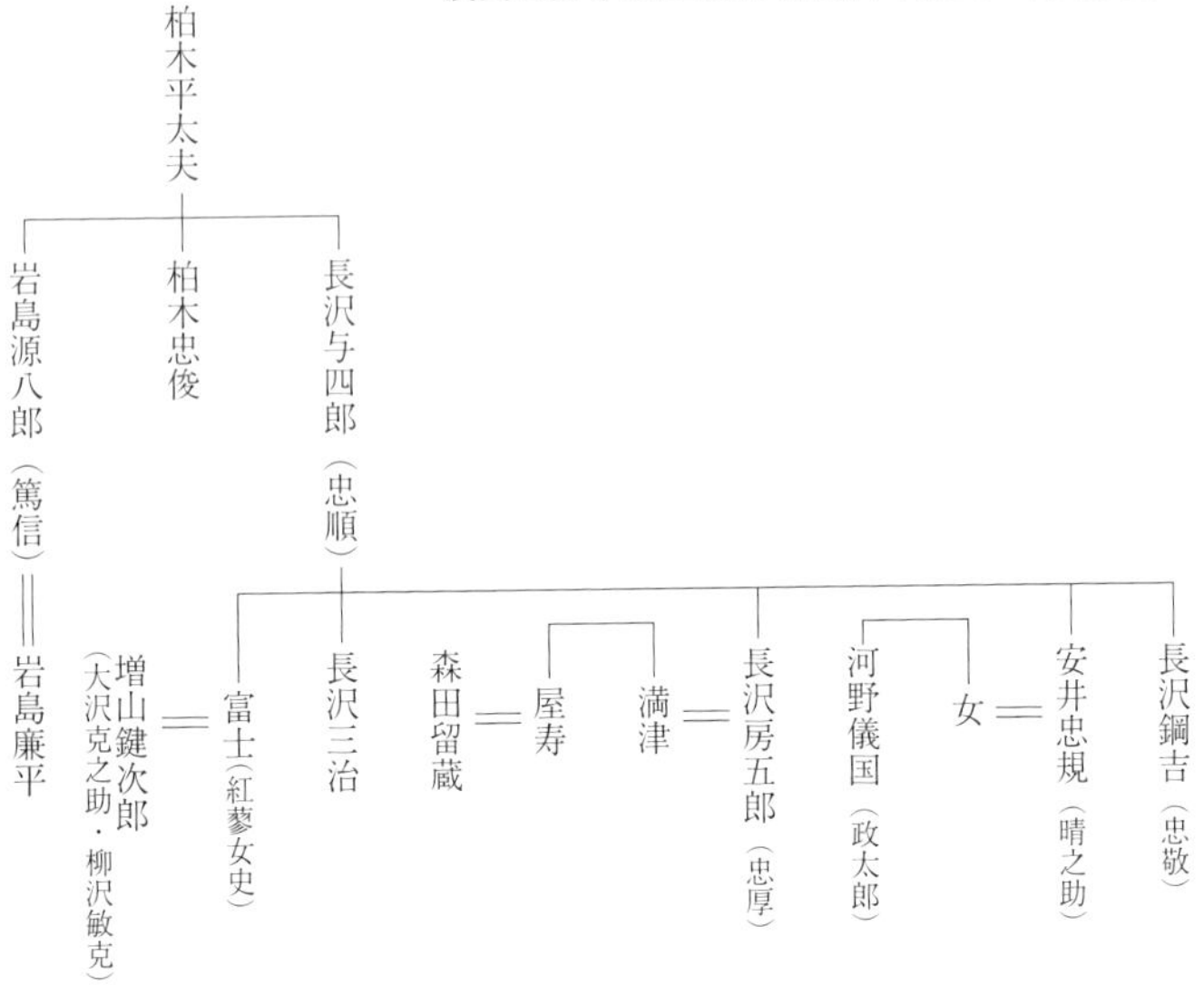

やがて旗本の身分を獲得するに至った。韮山に残り農兵の指導にあたっていた者たちは、江戸で出世していくかつての同僚たちの姿を目にし、自分たちの地位についても見直しを求めた可能性がある。旧同僚たちを慮った肥田は、そのことについて何らかの働きかけをしていたのかもしれない。

森田留蔵・斎藤四郎之助・山田広業・長沢房五郎・安井忠規・岩島廉平らは、いずれも後に相州御備場手附という肩書になって

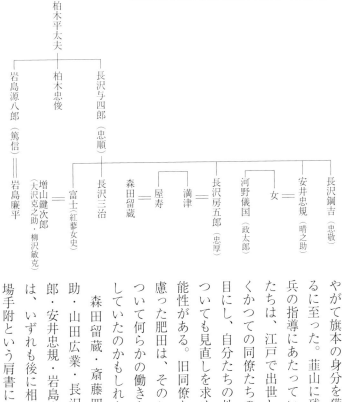

いるので、手代から手附、つまり直参の御家人身分を手に入れたらしい。巻末に史料として掲載した、慶応三年（一八六七）六月に江川英武が彼らの処遇改善を求めて幕府に提出した農兵差図役抱入替願からそのことがわかる。

農兵のための学校

韮山代官所の日常業務を記録した「日記」（公益財団法人江川文庫所蔵）の、慶応元年閏五月三日条に「文武学校創建発会」との記述があるほか、富士郡大宮町（現・富士宮市）の素封家の日記にも、同日、「韮山剣術道場并ニ学校ひらきのよし」との記載がある（『駿州富士郡大宮町角田桜岳日記　五』）。この日、韮山に農兵のための「学校」が開設され

森田留蔵　個人蔵　留学中のアメリカにて撮影。農兵教示方をつとめた韮山代官手代。咸臨丸で渡米した前歴を持ったほか、維新後には江川英武のアメリカ留学に随行した。

大野恒哉　『賀茂郡有志肖像録』所載　青野村（南伊豆町）の人、旧名は恒右衛門。

たのである。「日記」によれば、開校式には「殿様」こと代官江川英武はもちろん、柏木忠俊ら地方担当の手附・手代七名、安井忠規ら鉄砲方附手代四名、大石省三＊ら学校担当など一三名、北江間村の啓蔵、三島宿の与一・伝左衛門・六之助・宇兵衛、多田村の多田藤五郎、青野村の恒右衛門、吉原宿の耕蔵、大宮町の鍬太郎・熊太郎ら各地の農兵幹部たち、そして金谷組の一三名など、合計五〇名余が参列した。

代官所の敷地内に専用の建物が新築され、各地の農兵たちが寝泊まりして修業することができるようになった。維新後に記された改築関係の書類によれば、その校舎は二階建てだったようである。期日を限って行われる各地での訓練とは別に、センターである韮山に恒常的な教育機関が設けられたことになる。

＊大石省三
（一八一一〜六八）
韮山代官江川家に儒者として仕えた。潤とも称し、号は梅嶺・晩翠楼。歌人としては千秋、俳人としては梅花庵梅花と名乗った。慶応元年（一八六五）韮山に設立された農兵学校でも教えた。彼の没後、大石家は、伊豆国田方郡仁田村（函南町）の豪農仁田常種の子で、慶応義塾に学んだ勉吉が婿に入り継いだ。

たとえば慶応元年（一八六五）十月、田方郡上白岩村（現・伊豆市）の名主の倅和作は、これまで行われていた湯ヶ島村での「砲術稽古」への参加ではなく、「御屋敷御用達場」での「読書并砲剣」の「詰切御稽古」を希望した（公益財団法人江川文庫所蔵「乍恐以書付奉願上候」）。「読書」という点に魅力を感じたのかもしれない。また、「詰切」とは学校における一定期間での集中的な修学を意味する。

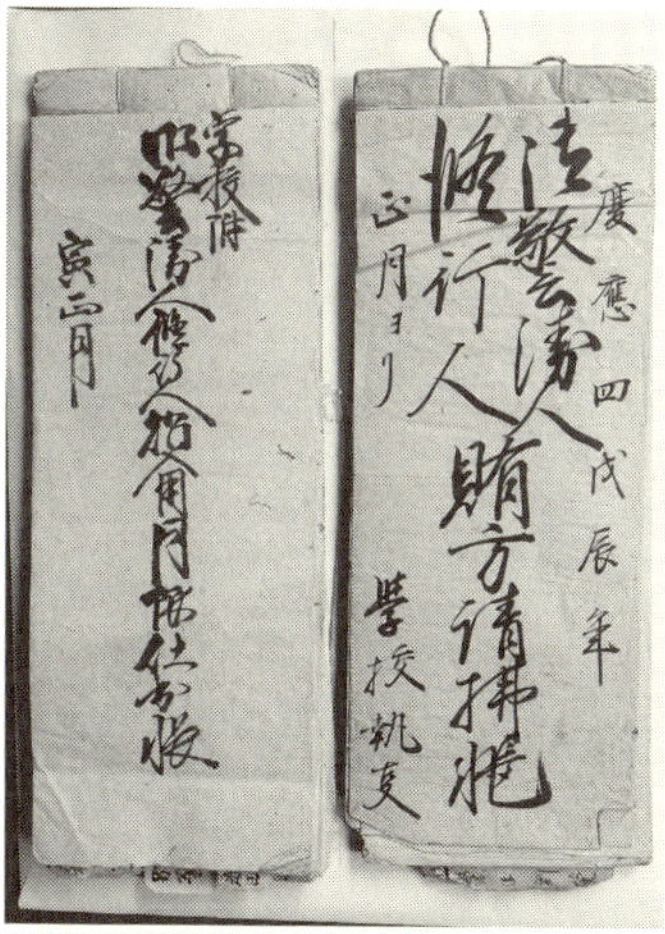

「学校附御警衛人修行人賄入用月帳仕分帳」「御警衛人修行人賄方請払帳」 公益財団法人江川文庫所蔵 学校執事が記録した農兵学校の諸経費に関する出納簿。

伊豆国に限っても、韮山代官支配地の村々は、三島・韮山のような半島北部のみならず、山地に隔てられた東海岸・西海岸、そして半島先端の南部に散在していた。近くに調練場が置かれなかった村の場合、日帰りで訓練に参加するのは無理だった。そのため、主として遠隔地に住む者のために、宿泊可能な学校施設が設けられたと考えられる。

韮山代官所には、学校生徒としての「詰切修行人」のほか、「御警衛人」、「増衛人（臨時詰人）」といった警備のための農兵も配置されていた。慶応二年（一八六六）一月三十日に「金谷組学校組」が、「散兵中隊調練」を実施したといった記録もあり（前掲「日記」）、生徒隊を編成し、地元の金谷組農兵などとともに訓練を行ったことがわかる。また、代官所の「日記」には、法事や節句など江川家で執り行われるさまざまな行事に、学校詰の農兵たちも参列していたようすが記されている。

開校した慶応元年（一八六五）、誰かが漢文で記した「韮山校舎記」という賛辞がある（公益財団法人江川文庫所蔵）。執筆者は生徒の一人だったと思われるが、「近県之農民皆以耕暇学火技刀鎗之術其傍有塾舎士農雑居寄宿者常四五十人学火技剣鎗之隙講習算術経史」云々といった文章から、砲術や剣術・鎗術のみならず、算術や漢学も教えられたこと、常に四〇から五〇人の生徒がいたこと、韮山では酒色の誘惑に負けるようなこともなく質実剛健の気風が養われたこと、体力づくりのため時には天城《あまぎ》や江梨《えなし》の山へ狩猟に出かけたことがわかる。山野での実地訓練は、嘉永期に坦庵に入門した諸藩士が

表4　慶応元年（1865）12月時点　韮山農兵学校の教職員

職　務	人　　名
砲術文学算術教示	安井晴之助(忠規)　長沢三治　大石省三(千秋)
取締諸世話	岡田三郎(直臣)　内藤八十八郎(光忠)
稽古人教示	朝倉藤三郎(後に萩原敬直と改名か)　松永文次郎　小駒宗一郎
剣術	斎藤栄太郎　小川茂左衛門(為則)　鈴木範左衛門(広)
米塩味（噌）之取締懸	稲村与右衛門

「農兵評議留」（公益財団法人江川文庫所蔵）より作成。他の年の記述には、萩原藤三郎・雨宮為蔵・高島岬之助・野口角之助・島本俊一郎・梅沢清一郎・飯塚銀之助・望月大象といった名前もある。

学んだ韮山塾*と同じやり方を踏襲したものといえる。

表4は、この農兵学校の教授陣と事務方からなるスタッフ一覧である。典拠とした、教職員への給与について記した文書には、「砲術文学算術教示」、「取締諸世話」、「剣術入学之世話」といった具合に、担当毎の役割についての記述があり、同校が文武の教育機関であったことを裏付ける。明治五年（一八七二）に記された文書には、農兵には「砲術槍剣」のほか、「皇漢并洋学等」を教えたと記される（『明治初期静岡県史料』第四巻）。

明治二年（一八六九）十二月の民部省宛て韮山県提出書類によれば、この「教化之ため文武学校様之もの」、すなわち農兵向けの学校は、戊辰時の混乱によって廃止したとする一方、漢

*韮山塾
江川坦庵が諸藩の士に高島流砲術を指導するため、韮山代官所内に開設した塾。天保十三年（一八四二）から安政二年（一八五五）に坦庵が死去するまで続いた。邸内の広さ一八畳の部屋が「塾の間」とされた。

鈴木広　個人蔵

学教育と医師による診療については、農兵学校の基金を運用し存続させたいと願い出、許可されている（『韮山町史　第七巻　近現代二』）。「武」はともかく、「文」の学校は存続したのである。また、江川家文書には、明治三年（一八七〇）、四年（一八七一）に至っても学校経費とともに農兵の経費に関わるものが少なからず残ることから、農兵自体も維新後すぐに消滅したわけではないらしい。建物は、後に製糸場や中学校寄宿舎として転用されたという。

　なお、明治期に書かれた名望家の略伝には、伊豆国君沢郡重寺《しげでら》村（現・沼津市）の加藤三郎左衛門のごとく、韮山代官支配地の農民ではなかったにもかかわらず、「江川太郎左衛門の塾」に入り、斎藤某に撃剣を学んだなどと記したものがあるが、これは農兵のための「学校」に学んだことを意味していると思われる。加藤は農兵学校のスタッフ鈴木広《ひろむ》＊の義弟（妻の弟）であり、情報を得やすかったはずであり、自らの修学の場としてそこを選んだのであ

＊鈴木広（一八三八～一九〇三）　旧名は潤之輔、文五郎、範左衛門、諱は重孝。伊豆国田方郡山木村（伊豆の国市）の豪農。韮山代官の書役をつとめたほか、神道無念流の免許を得て、慶応元年（一八六五）設立の農兵学校では剣術を教えた。幕府御林守や郷宿をつとめた父重之（範左衛門・範之丞・範三郎）とともに農兵の取り立て・訓練には熱心だったらしい。維新後は韮山の小学校龍城学校の幹事、学務委員などをつとめた。明治十年代に妻や子どもたちがロシア正教に入信したため、本人も死去の際にはシメオンの洗礼名を授与されている。

ろう。韮山農兵学校は、管轄範囲を越え、伊豆・駿河地域の豪農層一般の子弟教育機関としても意味を持ったのである。

農兵の誇り

表5は、原宿小隊の農兵の氏名一覧である。大正期に編纂された町誌に掲載されたものであり、全員に姓が付されており、家を特定しやすい。名主・牧士《もくし》*などをつとめた、後掲の表6に登場する五名に加え、本陣・問屋・神官・医師の名を見出すことができ、地域の豪農商・地主などが多く含まれることは明らかである。武相の農兵に関する研究では、名主・村役人層と小前層との比率は、ほぼ半分だったとされるが、駿河・伊豆でも同様だったと考えられる。

表5の典拠とは別の史料から抽出した駿東郡原宿の農兵五五名のうち、個人が特定できた二七名を分析すると、家屋敷所有者が一五名、借地人が九名、借家人が三名という内訳になるといい、下層農民もある程度は含まれていたとされる（『静岡県原町誌』）。しかし、おおよその傾向では、身元が確か

＊牧士
江戸幕府が支配する馬の牧（下総国の小金牧・佐倉牧、安房国の嶺岡牧、駿河国の愛鷹牧）の管理を担当するため、現地の豪農・豪商などから選ばれた者。給金を下され、苗字帯刀を許された。愛鷹牧の場合、一二軒の家がほぼ世襲した。

な者から選出せよとの方針が貫かれ、経済的・社会的に上層・中層クラスの者が農兵に採用されたのである。そして、世話掛や士官・下士官といった隊内の役職も、彼らによって占められたと考えられる。後世の史書には、韮山代官農兵を「中産以上の子弟にして素より名誉兵員たり」（『静岡県富士郡大宮町誌』）としているものもある。

表5では年齢まではわからないが、明治五年（一八七二）の原宿・大塚町の戸籍簿で名前を突き合わせ判明した限りでは、以下のようになる。五歳引いて明治元年時点での年齢を示せば、四十六歳：牧田茂吉郎、三十七歳：植松門弥、三十二歳：増田六三郎、三十一歳：渡辺平十郎、三十歳：植松次郎平（次郎兵衛）、二十九歳：井口林右衛門、二十七歳：植松幹作*（与右衛門）・植松善平（善兵衛）、二十六歳：庄司元三郎、二十五歳：芦川与十郎、二十二歳：植松与作（対雲）・加藤周作、二十一歳：植松又三郎・長沢幸治郎（市平か）、二十歳：鈴木与之助・鈴木茂作といった具合である。判明者が少ないのは、改名のためか、次三男の場合転出したためか、戸籍と農兵名簿とで一致する人名が多くないためである。しかし、発足時の農兵には二十代・十代の青少年が多かったと想像される。

*植松与右衛門（一八四一～一九一三）旧名は幹作、諱は季服、号は蒲洲。甲斐武田家の家臣を先祖と称した、駿河国駿東郡原宿（沼津市）の素封家・大地主。韮山代官農兵の幹部となった。維新後、静岡藩時代の愛鷹牧の牧士取締に就任。後年は貴族院議員多額納税者議員互選者となった。

表5　駿河国駿東郡原宿小隊の農兵氏名一覧

郡	宿村	氏　名	人数	男子人数	戸数
駿東郡	原宿	浅原元助　**植松与右衛門**　植松善平　植松門弥　**植松次郎平**　植松又三郎　**植松与作**　植松縫蔵　植松藤五郎　植松五郎作　大沢与四郎　大竹新之助　木村平右衛門　木村祐右衛門　木村与平次　庄司茂三郎　庄司茂平　庄司与四郎　庄司元三郎　庄司恵三郎　鈴木市三郎　高田重兵衛　戸田与之助　**長沢市平**　長沢源蔵　**牧田茂吉郎**　益田与五郎　益田与四郎　増田新平　**増田熊次郎**　**増田六三郎**　**渡辺常次郎**　渡辺格斎　渡辺元兵衛　**渡辺平十郎**　渡辺平右衛門　**渡辺平左衛門**　渡辺縫蔵	38人	643人	276戸
	大塚町	**芦川与十郎**　**井口林右衛門**　加藤周作　木村久四郎　鈴木茂作　鈴木与之助	6人	303人	126戸
	一本松新田	**大橋五郎市**　久松源次郎	2人	208人	70戸
	助兵衛新田	小川竹四郎　小川賢次郎　**鈴木保兵衛**　西原与平次	4人	187人	65戸
	今沢村	酒井清右衛門　**渡辺清七郎**	2人	207人	71戸
	大諏訪村	浅沼益右衛門　土屋茂三郎	2人	237人	89戸
	井出村	**深沢直作**	1人	132人	67戸
	平沼村	**斎藤源六**　**成島正三郎**	2人	143人	62戸
富士郡	船津村	**三井文平**	1人	79人	26戸
	柏原新田	高木重太郎　某	2人	255人	101戸
	田中新田	田中与平太	1人	20人	6戸
	大野新田	**高橋清三郎**	1人	57人	27戸
	江尾村	後藤源兵衛	1人	58人	25戸

「駿東郡原町誌」（1913年）より作成。太字は名主・組頭・年寄・問屋・本陣・戸長などをつとめたことが判明している人物もしくはその子。宿村の男子人数と戸数は「天保15年村々様子大概書」（『韮山町史　第六巻　上』所収）による。柏原新田は東・中・西柏原新田の合計。船津村は西船津村が正しいと思われる。

土屋重三郎	伊豆国賀茂郡石井村（南伊豆町）	南豆の名士大野恒哉氏と共に韮山農兵に入営し	C	名主、戸長、郵便局長、学務委員
鈴木長弥	伊豆国賀茂郡長津呂村（南伊豆町）	年十五才にして韮山農兵に入営し	C	村用係、学務委員、南崎村長
植松与右衛門（季服）	駿河国駿東郡原宿（沼津市）	（斎藤四郎之助から剣術を学び、元治元年11月農兵となり、中隊司令官をつとめる）	F	牧士取締、貴族院多額納税者議員互選者
植松与作（次郎太郎・対雲）	駿河国駿東郡原宿（沼津市）	（農兵の訓練を受け、斎藤四郎之助から神道無念流を学び、慶応２年12月に免許を得る）	G	
長沢市平	駿河国駿東郡原宿（沼津市）	韮山に赴き江川太郎左衛門翁に就き砲剣二術を研ぎ後ち斎藤四郎之助氏に従ひ武術を研磨し其蘊奥を究む	C	戸長、学校幹事、原町長
植松善平	駿河国駿東郡原宿（沼津市）	慶応二年江川翁に就き砲術を学び平上頭を申付らる慶応三年長防征討に際し徳川家茂公の御警衛を為し諸方に出張せりと云ふ	C	町会議員、用係、原町助役
渡辺清七郎	駿河国駿東郡今沢村（沼津市）	慶応二年二月砲術及び剣道を江川太郎左衛門翁に就き学び精励の廉を以て嚮導役を申付けられ学ぶ事三ケ年間	C	名主、戸長、小区議員
松永晴太郎※	駿河国富士郡平垣村（富士市）	慶応元年代官江川太郎左エ門の命して農兵を各地に置き師を派して操錬を教ゆ君時に年十八卒先募に応し教官森田留蔵岩島廉平等に就て其の業を受く	A	名主、戸長、第二大区副区長、県会議員
高橋清三郎	駿河国富士郡大野新田（富士市）	武技を斎藤四郎之助及び中村小源次氏に就て学び嚮導役を申付らる	C	戸長、浦役、元吉原村長
池谷繁太郎	駿河国富士郡大宮町（富士宮市）	元治慶応の間江川太郎左エ門の塾に入り漢籍及び砲術を学び斎藤四郎之助に就き撃剣の術を修む初めて目録の許しを授けられしは実に十五歳の時なりき	B	副戸長、第二大区長、県会議員、衆議院議員

典拠文献：A『岳陽名士伝』（1891年発行）、B『静岡県現住者人物一覧』（1898年9月15日発行）、C『静岡県現住者人物一覧』（1901年4月3日発行）、D『静岡県現住者人物一覧』（1901年12月4日発行）、E墓誌、F「帯笑園植松家系雑記」、G『静岡県原町誌』（1963年、原町教育委員会）。
※は韮山代官支配地の領民ではないものの、韮山代官農兵の訓練を受けた者。

表6　明治期作成の略伝に記された韮山代官農兵の履歴

氏　名	居住宿村（現市町）	記　述（要約）	典拠	その他の役職
大原宇兵衛	伊豆国田方郡金谷村（伊豆の国市）	受経書於大石省三算数於安井晴之助剣道於斎藤善孝屹然樹立幕末仕江川氏	E	金谷学舎事務官、第八大区八小区副区長
栗原宇兵衛（道栄）	伊豆国君沢郡三島宿（三島市）	韮山代官江川君募義勇為兵擢君為小隊長草創務劇君力任其労	E	名主、第八大区副区長、権少教正
世古直道（六之助・六太夫）	伊豆国君沢郡三島宿（三島市）	文久元年代官江川太郎左エ門氏の門に入り農兵となる操練甚た勉め名声衆に擢んす忽ち二大隊中首席を占るに至る	A	本陣、年寄、問屋、牧士見習、戸長、第四大区一小区副区長
河辺宰兵衛	伊豆国君沢郡三島宿（三島市）	文久年間豆州農兵徴発の際率先して之れに加盟し教授方を申付らる	C	戸長、三島町長、県会議員、郡会議員
加藤三郎左衛門（規房）※	伊豆国君沢郡重寺村（沼津市）	伊豆代官江川太郎左衛門の塾に入り親しく其薫陶を受け漢籍を大石某に学ふ年十五にして砲術を安井某に学ひ名を規之助と改む又撃剣を斎藤某に学ふ皆江川家の名流なり同年代官警衛の職を命せらる米俸二人口を賜ひ帯刀を許さる	A	組頭、戸長、浦役、伊豆国四郡連合会議員
足立清二郎	伊豆国田方郡湯ケ島村（伊豆市）	代官江川太郎左衛門の農兵を募るや君之か為に力を尽し世話掛を命せられ	A	名主、戸長
塩谷吉兵衛	伊豆国賀茂郡筏場村（伊豆市）	旧韮山代官の際農兵に撰ばれ五ケ年間勤続せり	D	名主、戸長、上大見村長
飯田新三	伊豆国君沢郡土肥村（伊豆市）	慶応三年十二月韮山農兵に私願し	C	用係、土肥村長、田方郡会議員
依田善六	伊豆国那賀郡松崎村（松崎町）	負笈韮山に赴き江川氏の塾に入り蛍雪を積む江川氏の農兵を設くるや率先して之れに加る	D	戸長、浦役、小区副区長、晩成社社長
大野恒哉（恒右衛門）	伊豆国賀茂郡青野村（南伊豆町）	代官江川太郎左衛門農兵を募る君率先して之に応し教授役岩崎廉平安井晴之助等に就き砲術を学ふ／嘉永年間韮山農兵に入営し	A C	名主、戸長、第九大区区長、賀茂那賀郡長

慶応三年（一八六七）二月、駿東郡木瀬川村（現・沼津市）の大古田《おおごだ》長平《ちょうへい》*は韮山代官に対し、村内小前層との対立から名主の退役を願い出たが、以前から続けていた御林守《おはやしもり》と農兵については勤続したいと述べた（『沼津市史　通史編　近世』）。農兵であることは、名主の「当て職」ではなく、個人の意志と能力にもとづくものであり、帯刀を許され、小銃を担い、武士たちと同じ「お役目」を果たすことは、その家にとっての地位と名誉を保証するステータスシンボルになっていたことを示す。「身上り」すなわち身分上昇への欲求を満たすものだったのである（『江戸時代の身分願望』）。

江川が念願していたにもかかわらず、農兵になることだけで苗字帯刀の特権付与は許可されなかったが、幕府御林の御林守や愛鷹牧《あしたかまき》の牧士を兼ねている者など、すでに名主層は領主からそれを認められている場合が少なくなく、農兵をつとめることは複数ある「勲章」のひとつであった。表6は、明治期に作成された伊豆・駿河の名望家たちの略伝中、農兵だったことを記した部分である。農兵としての経験を誇るべき前歴としていたことがわかる。

＊大古田長平（一八三〇～一九〇七）諱は利信、後に善司老と改名。駿河国駿東郡木瀬川村（沼津市）の名主をつとめた豪農。文久二年（一八六二）十二月、自ら韮山代官農兵に応じた。維新後は同村の戸長をつとめ、明治七年（一八七四）近隣の七か村と合併して成立した大岡村でも戸長に就任した。

農兵の土壌となった農民剣術

名古屋藩の非常守など、諸藩の農兵の中には、伝統的に鉄砲を足軽の技であると見下し、理想像たる武士のシンボルとして剣術に執着し続ける例があったというが（『近世の軍事・軍団と郷士たち』）、韮山代官農兵に見る限り、武家の子孫と称する旧家・名家の子弟といえども、銃を担ぐことへの抵抗はなかった。江川門下の薫陶を受け形成された西洋銃砲への信奉とともに、剣術についても決してないがしろにしたわけではなく、むしろ神道無念流や天然理心流*などが奨励されていたため、心情的にも新旧や和洋のバランスをうまくとることができたからであろう。

代官所側としても、農兵には刀は使わせず、鉄砲しか扱わせないといった差別はしなかった。日野宿で別働隊として撃剣組が結成された例に見るごとく、新選組を生んだ多摩の農民剣術である天然理心流ほど顕著ではないものの、伊豆・駿河の農民・町人層にも同じ土壌があった。農兵になってから剣術を学んだ者がいた一方、農兵になる前から剣の道に進んでいた者もいたのである。

たとえば、三島宿の本陣をつとめた樋口伝左衛門正隣*は北辰一刀流《ほくしんいっとうりゅう》*千葉

＊天然理心流
江戸後期の寛政年間に近藤内蔵之助が創始した剣術などの流派。江戸で道場を構えたほか、近郊農村にも広く普及させた。四代目宗家当主が勇であり、新選組の活躍によりその名が高まった。

＊樋口伝左衛門正隣
（一八三〇～一九一〇）樋口家は伊豆国君沢郡三島宿の本陣をつとめ、伝左衛門は襲名。正隣は正意の子で、初名は安之助。撃剣を好み、北辰一刀流を学んだ。妻楚美子は駿東郡原宿の植松与右衛門季服の姉。甥で養子の幾太郎は農兵になった。樋口本陣は明治元年から翌年の東幸・還幸・再幸では、いずれも行在所となっており、有栖川宮熾仁親王から不二亭の名前を賜った。

重太郎（周作の甥、桶町千葉道場）の門人であり、邸内には剣術道場があり、東海道を旅する剣客たちが多く立ち寄り、しばしばそこで他流試合をしていたことが知られ、安政四年（一八五七）から明治二年（一八六九）に至る訪問者の記録『英名録』を残した（『静岡県史 資料編15 近世七』）。元治元年（一八六四）九月に三島宿問屋山口佐左衛門の孫山口余一*（与一）とともに小隊入りを命じられた農兵樋口幾太郎は正隣の養子で、明治六年（一八七三）に家督を継ぎ、伝左衛門を襲名した人である（『三島本陣樋口家文書目録』）。彼も父同様、剣術を学んでいたであろう。ちなみに表7は、幾太郎とともに三島宿小隊を形成した隊員の一覧である。

駿東郡原宿で農兵の指導者をつとめた植松与右衛門（幹作・季服）の叔父で、江戸で田原

表7　韮山代官農兵三島宿小隊の名簿

国郡	宿村	氏　名
伊豆国君沢郡	三島宿	山口与市　樋口幾太郎　倉田楽次郎　河辺元三郎　川口松次郎　宇野幸兵衛　大沼吉兵衛　浅田源兵衛　平尾善七　木村半次郎　松田弥七　前田安吉　渡辺徳平　酒井与四郎　内田源次郎　前田甚太郎　稲垣喜右衛門　中野春五郎　久保田与吉　荻野利助　柏木半蔵　木村万平　室岡六右衛門　野口徳次郎　大村金蔵　佐藤喜太郎　芳村茂三郎　平山久太郎　長渕伝次郎　久保田長次郎　芹沢伊右衛門　石橋徳吉　塩野作兵衛　秋山佐兵衛　鈴木由蔵　本多啓治　森本周平
	塚原新田	木村格之助　奈倉忠兵衛　杉本平右衛門　松田与衛門　佐藤伊兵衛　渡辺義三郎　十兵衛
	市ノ山新田	渡辺義助
	三ツ谷新田	枝野忠七　宮崎善右衛門
	笹原新田	山本茂左衛門　本間平蔵
駿河国駿東郡	徳倉村	渡辺次郎右衛門　奈倉喜惣次
	木瀬川村	大古田長平
	大御神村	孫左衛門　利三郎　金次郎　吉助

「三島宿農兵人数」（富士市立中央図書館所蔵）より作成

藩主三宅家に仕えた後、実家にもどった才助という人がいた。彼は神道無念流を学んだ剣の使い手で、全国から各流派の剣客が訪れた。弘化二年（一八四五）の才助没後も含め、植松家には、天保十三年（一八四二）から安政六年（一八五九）に至る期間、一二一名もの訪問者がやってきた記録「剣客名簿」が残された（『江戸の平和力』）。また、当主である季服自身も、農兵として斎藤四郎之助に師事する以前、安政二年（一八五五）から水戸藩士金子武四郎に剣術を学んだという前歴があった（「帯笑園植松家系雑記」）。

　原宿の本陣をつとめた家の渡辺平左衛門（太郎次郎・豊）も農兵になったと思われるが、千葉道三郎（北辰一刀流・玄武館）の門に入り武技を修めたという。やはり原宿の有力商人で農兵になった長沢市平は、斎藤四郎之助に従学する前、季服の父植松学山（与右衛門季敬）に「武技」を学んでいる（『静岡県現住者人物一覧』）。

長沢市平　個人蔵

　植松家を中心に原宿の素封家たちの

＊北辰一刀流
千葉周作が創始した剣術の流派。文政五年（一八二二）に江戸に開設された玄武館は、神道無念流の練兵館、鏡心明智流の士学館とともに江戸の三大道場と称された。坂本龍馬・清河八郎らの志士も北辰一刀流を学んだ。

＊山口余一
（一八四二〜一九一〇）与一・与市とも称す。号は小香。伊豆国君沢郡三島宿（三島市）で米穀商を営んだ素封家。韮山代官農兵の世話掛をつとめた。明治期には韮山中学校で教えたほか、大区長や県民会議員、君沢田方郡役所書記などを歴任した。

間では、武術を学ぶことがかなり一般的だったのである。近隣の豪農たちにもその影響が及んだらしく、韮山代官支配地ではないので農兵になることはなかったものの、駿東郡鳥谷《とや》村（現・沼津市）の名主・牧士をつとめた川口家には、邸内に剣術道場が設けられ、斎藤四郎之助が指導にあたったという（「鷹根村誌」）。愛鷹山《あしたかやま》に置かれた幕府直轄の馬の牧場を管理する牧士は、苗字帯刀を許された存在であり、幕府の御用や武士身分との接点から、農兵とも相通じるものがあった。川口家と植松家は牧士仲間として、「武」に対しても共通する意識を持っていたのであろう。もちろん、豪農商として、一揆や打ちこわしが起きた際には、その襲撃対象となる自らの立場から、強い危機感や恐怖心があったことも確かである。

富士郡大宮町で農兵世話掛をつとめたと思われる素封家角田桜岳《かくだおうがく》（与市）の息子で、やはり農兵になったらしい角田鍬太郎は、「体格雄大肥満膂力飽まで逞しく、最も剣道の達人にして」と称され、江戸の斎藤弥九郎道場でともに神道無念流を学んだ幕臣江原素六とは良い試合相手だったという（『漫遊人国記』）。先述の三島樋口家の「英名録」には、慶応元年閏五月三日、韮山に「御稽古場」（農兵学校）が開設された際、「駿大宮　角田桑之助」が試合をした旨が記されているが、それが鍬太郎のことであろう。

同じ大宮町には、自宅に道場や調練場を設け近隣の子弟に蘭学・漢学・撃剣・銃鎗を教えた、浅間神社大宮司富士重本《ふじしげもと》（亦八郎）がいた。戊辰戦争時に神官たちからなる勤王隊、駿州赤心隊を結成した人物である。重本は慶応二年（一八六六）に、十四歳の息子武丸（重寿・龍太郎）を韮山江川家へ送り、「西洋兵式」を学ばせた（『富士氏史談会速記録』）。江川家側の記録では、武丸の「砲術」入門は元治元年十月のこととされている（「日記」）。角田と富士家との関係性はわからないが、「武」への志向という点で共通する存在だった。

伊豆国田方郡山木村（現・伊豆の国市）の豪農で、駿東郡の幕府御林守や韮山反射炉築造御用などをつとめた鈴木重之（範左衛門・範之丞・範之進・範三郎）は、先述したように、韮山代官所の農兵取り立て時には郷宿として各地の村々を説得して回った人物だった。息子の広（重孝・範左衛門）は韮山に設置された農兵学校の剣術担当になったほか、実弟で三島宿名主だった栗原宇兵衛*も農兵小隊長をつとめた。慶応三年（一八六七）九月、重之・広は連名で幕府に対し駿豆御林守二〇名余に撤兵・砲術稽古を命じてくれるよう嘆願するなど（「史料紹介　山木鈴木家文書中の静岡藩御用留」）、鈴木父子は武備への

＊栗原宇兵衛
（？〜一八八七）

諱は道栄、字は子明。伊豆国田方郡多田村（伊豆の国市）の多田弥次右衛門の子に生まれ、同国君沢郡三島宿（三島市）の栗原家の養子となる。名主をつとめ、韮山代官農兵に応じ、小隊長となった。明治期には大区副長や権少教正などを歴任したほか、伊豆銀行・三島銀行の設立に寄与した。

意識が高かった。三島樋口家の「英名録」には万延元年（一八六〇）七月に広（範左衛門重孝）が試合をしたとの記録があるほか、斎藤四郎之助から範左衛門（広）に出された神道無念流の順免許（元治元年十二月）・免許（慶応元年冬）などが現存している（「幕末韮山における神道無念流について」）。

地方文人のネットワーク

韮山代官支配地で農兵制がスムーズに受容された背景には、剣術の普及といった「武」の側面のみならず、「文」の側面もあった。詩文・俳諧・書画・蘭学などを趣味とした地方文人たちのネットワークが機能したと思われるのである。

栗原宇兵衛の墓誌（静岡県三島市・林光寺）

栗原君子明墓碣銘　　東京小永井岳撰并書
君諱道栄字子明通称宇兵衛伊豆田方郡多田邨人多田弥次右
衛門君男為君沢郡三島人栗原専平君後明治廿年三月病歿年
六十二葬於駅之林光寺先塋君厳毅英果臨事不疑計於始要於
終貴人急期於必成人憚之而不敢不為然忠信与人能趨人之急
故人所不敢背徳為里正以廉正称焉韮山代官江川君募義勇為
兵擢君為小隊長草創務劇君力任其労明治後建伊豆銀行挙国
租充之□募富人更建三島銀行皆君之算画職為之総管君才長
治財不事付寄利廉勤倹苦量入制出纎微周密鉄両之細必慎簿
録所仮貸雖親知不得慢約券妻子皆給以歳俸産本不甚豊承家
経営多年終致富実視貧病如在身所以振恤不知凡幾及至建学
劄営鏧山之役則並莫不出資力以従事賞賜所数至焉充君所為
定於当而動於熟周諸内而流諸外順下而行遠奉上施下一皆出
於此君自里正為八大区副長管学区医務事挙農商諮問会員歴
教導職少講義至大講義終贈権少教正君配専平君女二男曰喜
兵衛曰栄次郎皆早亡四女三皆適人一即源太郎君配源太郎君
静岡県士族秋山正辰男為君後者也能修君業云銘曰
播之種之要之収穫尽已責人何敢格厚生利物人何忘徳信義
先行恵沢随施今見遺風生不相知死而有叙無大其辞惜夫若
任器大用虧
明治廿一年三月立石

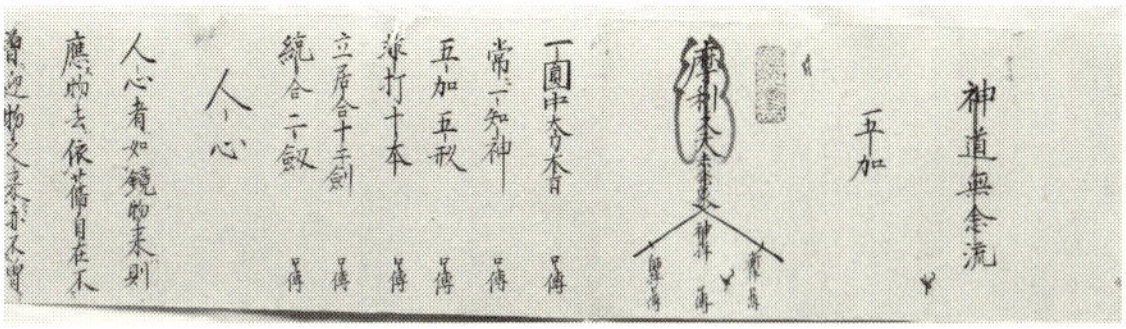
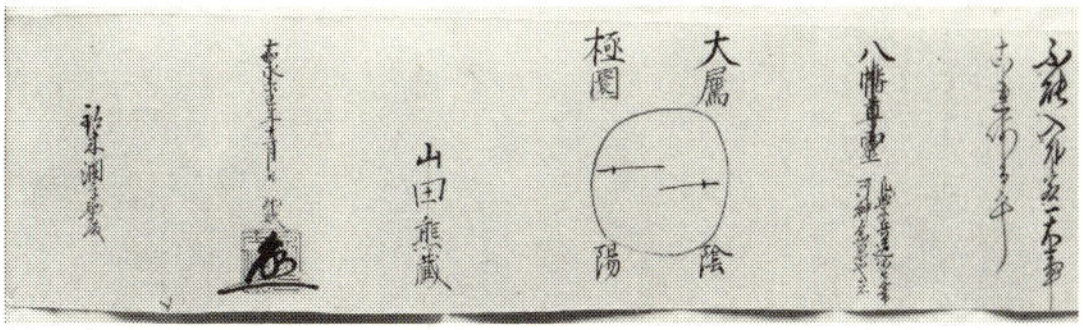

神道無念流目録　伊豆の国市郷土資料館保管　嘉永6年(1853)12月、鈴木広あて。

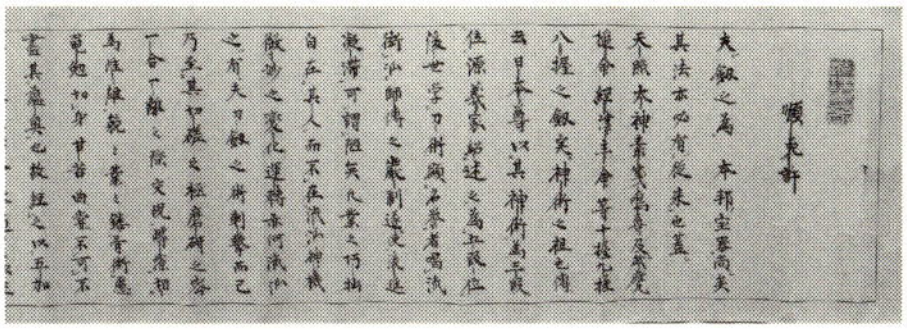
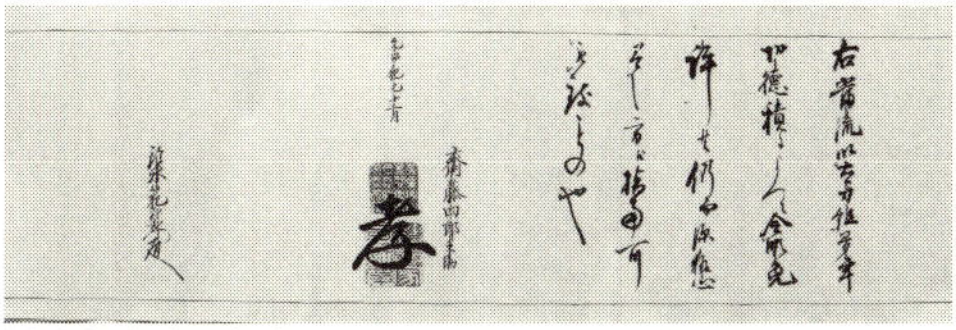

神道無念流順免許　伊豆の国市郷土資料館保管　元治元年(1864)12月、鈴木広あて。

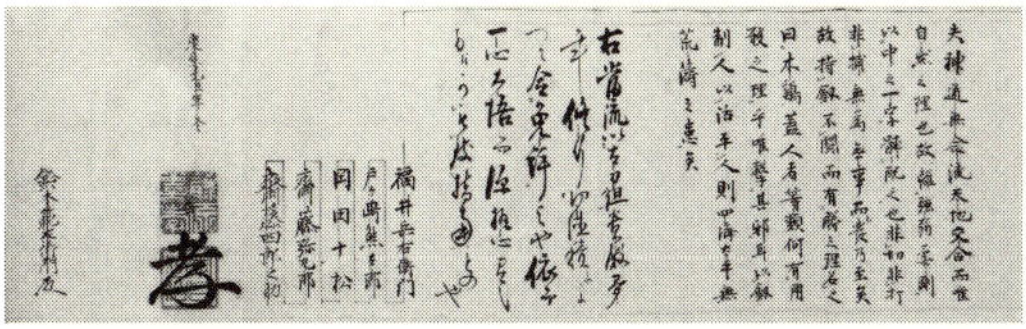

神道無念流免許　伊豆の国市郷土資料館保管　慶応元年(1865)冬、鈴木広あて。

鈴木香峰肖像 富士山かぐや姫ミュージアム所蔵

嘉永期、江川坦庵に対し駿河での農兵取り立てを建策したという富士郡吉原宿の脇本陣・問屋鈴木香峰（伊兵衛・耕蔵・惟忠）は、江戸の幕臣原家に生まれ、鈴木家に養子に入った人であったが、画人としても知られた。

吉原宿組の農兵小隊は、田子の浦にゆかりの古歌にちなんで「賤夫組《しずのおぐみ》」と名乗ったが（「松江堂筆記」『静岡県史 資料編12近世四』）、それも香峰の発案だったのかもしれない。

富士郡大宮町の農兵小隊を支援した角田桜岳は、若くして江戸で朝川善庵《あさかわぜんあん》に漢学を学んだほか、駿府の国学者新庄道雄編による「駿河国新風土記」の増補に取り組んだことで知られる。また、安政期には地球儀を製作するなど、新発田収蔵《しばたしゅうぞう》・松浦武四郎・津田真道《つだまみち》・肥田浜五郎・中浜万次郎といった人々と交流し、洋学や海外事情にも精通した。

駿東郡原宿小隊の農兵幹部をつとめた植松与右衛門（季服・幹作）は、自身、武田某に蘭学を、鏑木渓庵に清楽《しんがく》*を、売茶翁《ばいさおう》に煎茶を学んだほか、父は頼山《らいさん》陽《よう》・巻菱湖《まきりょうこ》・岸駒《がんく》らに詩や書画を学んだ人で、祖父は円山応挙《まるやまおうきょ》門下の画人だった。また、同家代々は園芸家でもあり、自宅に設けた帯笑園《たいしょうえん》と名付けられた庭園には多くの珍しい植物が集められ、東海道を行き来する名士・文人たちには有名な存在となっていた。

三島宿の素封家山口家の人々は三代にわたり農兵に関与した。年寄をつとめた佐左衛門（信敷・如考）は、その墓誌に「文久癸亥、江川君上策、編郷兵、翁献銃鎗若干」と記されたごとく、農兵取り立てに協力した。名主・問屋をつとめたその子丈助も農兵永続積立金に出金、孫の余一（与市・小香・苾）は農兵世話掛に任命されている（『三島市誌』中巻）。佐左衛門は俳諧・浄瑠璃、余一は漢文・漢詩を得意とした。

安政期（一八五五〜一八六〇）に沼津宿で開催された「詩歌

植松与右衛門季服　『日本赤十字社静岡支部彰功帖』所載　斎藤四郎之助に剣術を学び、農兵中隊司令官をつとめたという。

＊清楽　江戸時代、長崎に来日した商人を通じて全国に広まった清国の音楽。主に月琴を演奏しながら、歌われた。明治以降も人気が続いたが、日清戦争以後は衰退した。

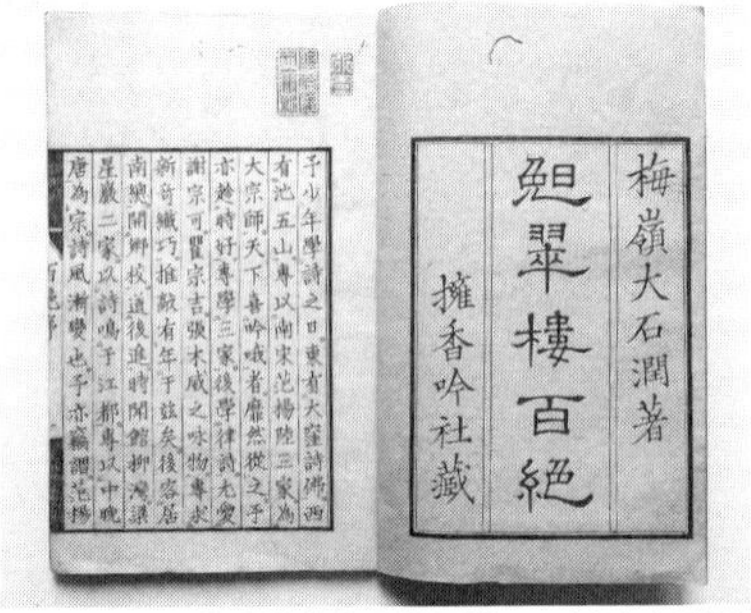

大石省三の漢詩集『晩翠楼百絶』 沼津市明治史料館所蔵

書画琴棋俳諧点茶挿花会」は、東駿・北豆地域の文人たちが総出の一大文化祭だったが、その案内のため作成された刷り物には、「山口如考」「山口丈輔」父子のほか、「鈴木香峰先生」、「大石梅嶺先生」らも名を連ねた（『沼津市史　史料編　近世2』）。

部下たちには風流を楽しむよりも、実務能力や質実剛健な士風を求めた江川坦庵の影響もあったためであろう、地方文人たちの輪に加わった大石省三（梅嶺・潤・千秋）は、代官江川家の配下として数少ない例だったかもしれない。しかし、大石は職務として江川家の子弟や手附・手代たちに漢学を指導したのみならず、近隣の庶民層にも門人を広げ、地域を代表する文人の一人となっていた。嘉永七年（一八五四）に刊行された大石の詩集『晩翠楼百絶』には、弟子の鈴木広（重孝）・小川為則（茂左衛門）らが校訂者として参加していた。鈴木・小川とも代官所近くの素封家であるとともに、後に大石とともに韮山農兵学校の教職員となっている。

韮山代官農兵、特に世話掛などをつとめたその幹部クラスの人々は、国郡を越えた広域の文人ネットワークによって以前から強く結びついていたといえる。先覚者江川坦庵のカリスマ性や民政官柏木忠俊の指導力というタテ軸もあったが、文化的な面でのヨコのつながりからも、彼らは農兵取り立ての必要性について認識を容易に共有することができたのである。

なお、明治十一年（一八七八）の鈴木香峰古稀祝い書画展観圍碁会、同十五年（一八八二）の鈴木重之追善圍碁書画会がいずれも三島の世古邸で開催されるなど、農兵の幹部だった者たちを主な参加者とする駿豆の文人たちの集いは、維新後も続けられている。十五年のそれは、会主に鈴木広・栗原道栄、首唱者に鈴木香峰、親族に山口小香、幹事に世古直道*・池谷繁太郎*、書画揮毫者に山田広業・大野恒哉・足立清次郎・樋口伝左衛門・渡辺常次郎・深沢直作・角田鍬太郎が名を連ねるといった具合であり、まるで韮山代官農兵の同窓会のごとき様相を呈した。

＊世古直道
（一八三八～一九一五）
旧名は六之助、六太夫。伊豆国君沢郡三島宿（三島市）の本陣当主で、問屋や愛鷹牧士見習などもつとめた。韮山代官の農兵世話掛として、戊辰戦争時には新政府軍の嫌疑を受けた。明治期には沼津在の牛臥海岸で三島館という旅館を経営した。

＊池谷繁太郎
（一八五三～一九〇八）
駿河国富士郡大宮町（富士宮市）の素封家七郎平の子。幕末には韮山代官農兵をつとめた。維新後は、副戸長、学区取締、医務取締、大区長、町村連合会議長、静岡県会議員、衆議院議員などを歴任した。岳南自由党に加盟するなど、自由民権運動を推進した。

第三章

警備活動と実戦参加

将軍の上覧

文久三年（一八六三）十一月二十二日、伊豆下田近在を本拠とした「本郷の金平*」という博徒が駿河国駿東郡馬込村（沼津市）に海路、着船したとの情報がもたらされ、その警戒・捕縛のため手代らが出動し、留守になった韮山代官所の守衛のため、発足まもない多田村（現・伊豆の国市）の農兵七名が代官所に派出した。

富士郡大宮町でも、慶応元年（一八六五）六月、蓼原《たではら》村重蔵ら博徒同士が鉄砲・鎗まで持ち出し斬り合いを起こしたことから、手代森田留蔵が農兵を率いて掃討に向かおうとし、町が大混乱したという一件があった（『駿州富士郡大宮町角田桜岳日記』五）。

＊本郷の金平
下田近郊の賀茂郡本郷村（下田市）を本拠とし、「赤鬼の金平」とも呼ばれた侠客。下田の玉泉寺に滞在中のアメリカ公使ハリスの召使をつとめた「さよ」は、後に金平の妾になったとされる。明治二年（一八六九）、五十五歳で没。

発足したばかりの農兵にとって、海防よりも治安維持活動がその業務だったといえる。

危険をともなう任務と同時に、名誉なこともあった。文久四年（一八六四）一月、江戸から海路上方へ向かった将軍徳川家茂《いえもち》一行が荒天により南伊豆の子浦《こうら》村（現・南伊豆町）で滞船を余儀なくされたため、その警衛のため韮山代官江川英武とその配下は、農兵約三〇名を率いて同地へ急行した。多田村の農兵六名は、四日に出立したが、途中で将軍一行が出帆したとの連絡が入り、翌日引き返した。後日、六名には日当や「わらじ銭」が支払われている（『韮山町史　第五巻　下』）。

翌慶応元年（一八六五）五月二十三日、今度は陸路上洛の途次、東海道沼津宿を発した将軍家茂は、隣の原宿の素封家植松与右衛門宅で昼休みをとった。金谷・三島組の二小隊は箱根から先導役をつとめていた。家茂は、植松家の庭園帯笑園を見た後、すぐ近くの調練場において、韮山代官農兵の三島宿組一小隊、原宿組一小隊、吉原宿組一小隊の調練を観閲した。原宿の調練場は、昌原寺と西念寺の間にあったとされる（『駿東郡原町誌』）。その日、将軍は富士郡今泉村（現・富士市）の東泉院に宿泊したが、夜警を担当した農兵

江川英武　公益財団法人江川文庫所蔵　元治元年（1864）撮影、12歳。

たちは、「ニラ」「ヤマ」を合言葉として使ったとのこと（「世古六太夫氏の事蹟」）。

翌日も、富士川の河原において農兵六小隊の調練が行われ、陣幕内の床几に腰かけた家茂がそれを観覧した。農兵掛の手代三科信義（鎮太郎）・岡田直臣や森田留蔵・斎藤四郎之助・田那村淳ら教官の指揮下、昨日の三組に加え、「御陣屋六ケ村組」（韮山近傍の金谷村等）と大宮組（富士郡）の農兵も参加した（『吉原市史』中巻）。

雨天のため火入は行われなかったが、江川英武とその後見役佐々井半十郎には御前において褒美の品が下され、「今日は大儀」との上意が達せられた（『新訂増補国史大系51　続徳川実紀　第四巻』）。終了後、農兵たちは川の前に整列して黙礼し、将軍の出立を見送った。大宮組の農兵は、前日から付近の神社の拝殿に寝泊まりし、夜陰の警衛を担当していたため、「誰も眠りたるものなし」とのことで、疲労したようすだった（『駿州富士郡大宮町角田桜岳日記』五）。

なお、『続徳川実紀』には富士川調練には六大隊の農兵が参加したと記されているが、それは誤りで、六小隊が正しいことは、参加者のひとりだった世古直道が後年、江川英武宛の手紙で指摘している（公益財団法人江川文庫所蔵・大正二年五月二十六日付）。世古は、場所が凸凹だったため、調練は意の如くにはならなかったものの、三島の農兵がくじ引きで「銃槍使用」をご覧に入れる役割に当たり、好評を博したとも記す。

二日にわたって将軍の「御覧」に入れられたことは、前年に誕生したばかりの韮山代官配下の農兵にとって、最高の栄誉だったろう。このニュースは、翌月には武蔵国の韮山代官支配地にももたらされ、蔵敷村名主杢右衛門は、十三歳の少年代官江川英武について、「御家柄とは申なから英才之御代官ニ而、恐悦至極難有儀」であると日記に記した（『里正日誌』第九巻）。

● 武州世直し一揆展開概念図

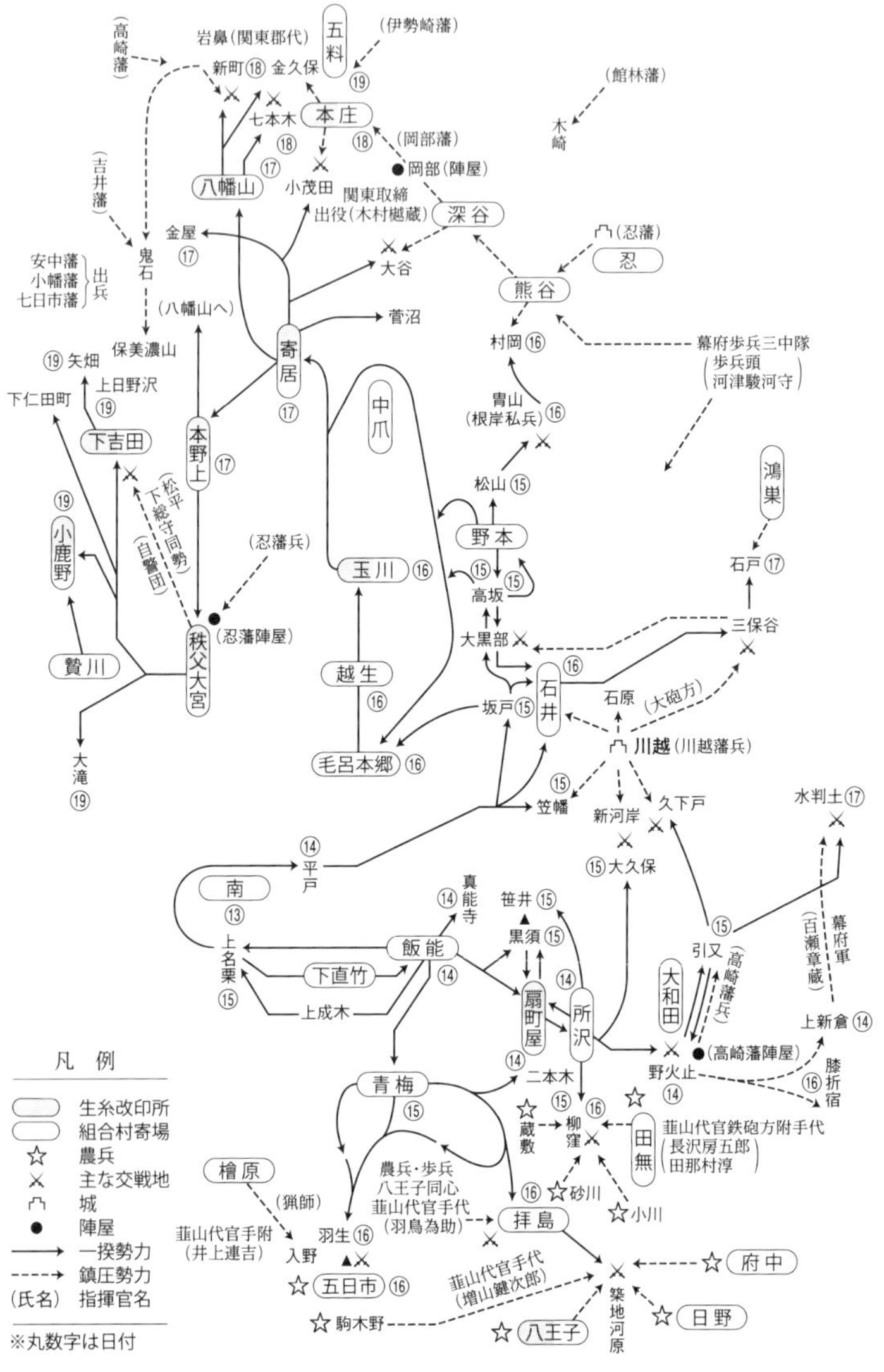

『新編埼玉県史図録』を参考に作成

武州世直し一揆の鎮圧

韮山代官所の農兵が実際に武力を発動した最大の機会は、慶応二年（一八六六）六月十三日に起き、一週間ほど続いた武州世直し一揆の鎮圧である。開港以降の物価騰貴や生糸改印料徴収などに民衆が反発し、武蔵国一四郡、上野国二郡の二〇二か村に波及、飯能《はんのう》・所沢・寄居《よりい》・児玉・小鹿野《おがの》・藤岡などの各地で、五二〇軒ほどが打ちこわされ、約四〇〇〇人が逮捕・取り調べの対象となったという、大規模な一揆だった。

鎮圧には、近隣の川越・忍《おし》・高崎・伊勢崎・岡部といった諸藩の兵のほか、幕府の歩兵や八王子千人同心、関東取締出役*の配下らがあたった。そして、韮山代官管下の農兵も鎮圧に加わったのである。青梅街道周辺では田無村組合、多摩川周辺・築地河原では日野宿組合・八王子宿組合・駒木野小仏組合、多摩郡入野村（現・東京都あきる野市）では五日市村組合の農兵がそれぞれ出動した。

韮山代官手代・手附たちは分担し、各地の農兵を指揮した。増山鍵次郎は

*関東取締出役
八州廻り、八州取締役とも呼ばれる。関八州の治安悪化に対処するため、文化二年（一八〇五）に勘定奉行配下として設置された役職。足軽格という低い身分だった。目明し（道案内）を駆使し、犯罪の取り締まりにあたった。

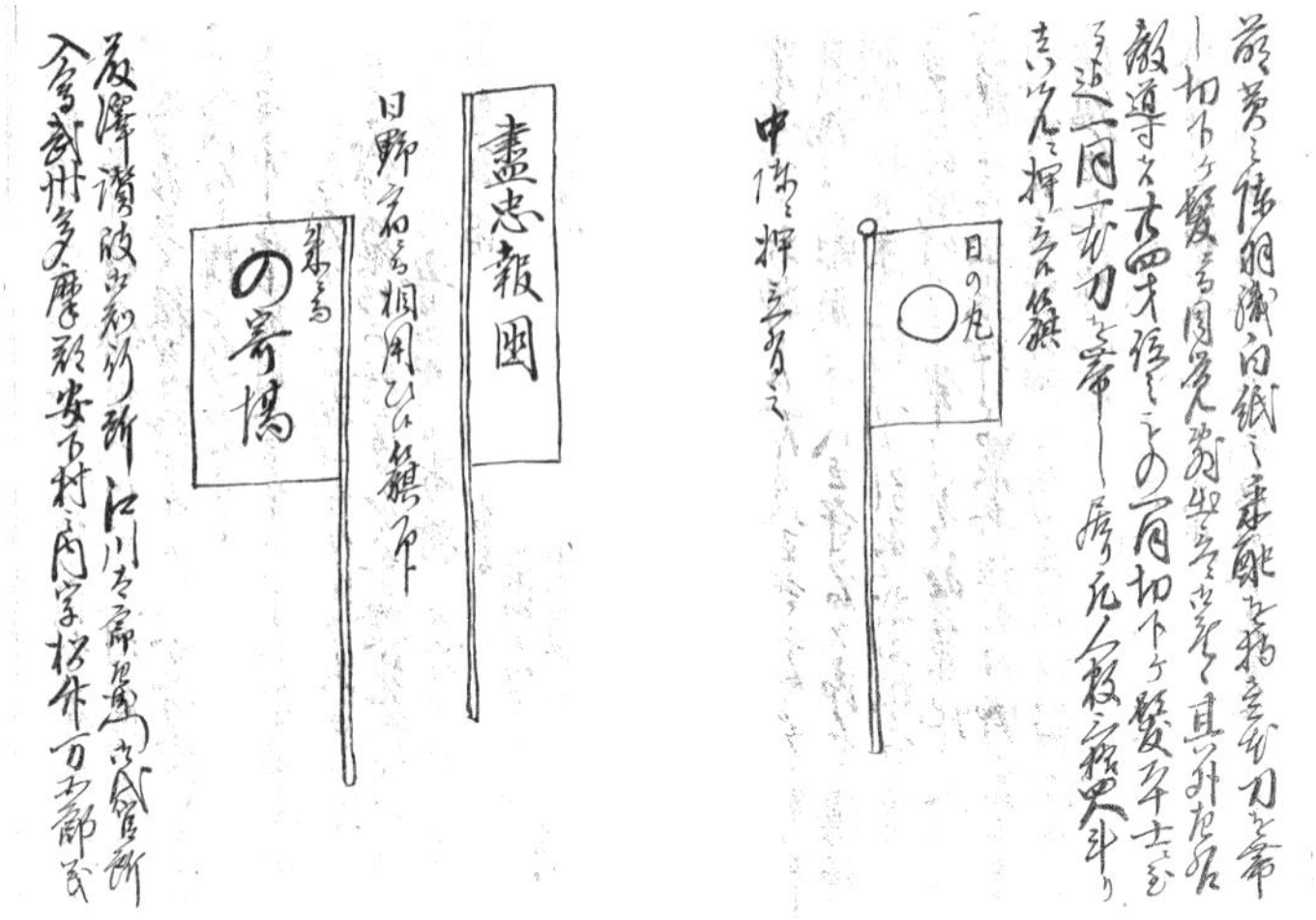

武州一揆鎮圧に出動した農兵の旗　個人蔵·沼津市教育委員会提供　駿河国駿東郡原宿·植松与右衛門の「見聞雑記　第九」に記されたもの。

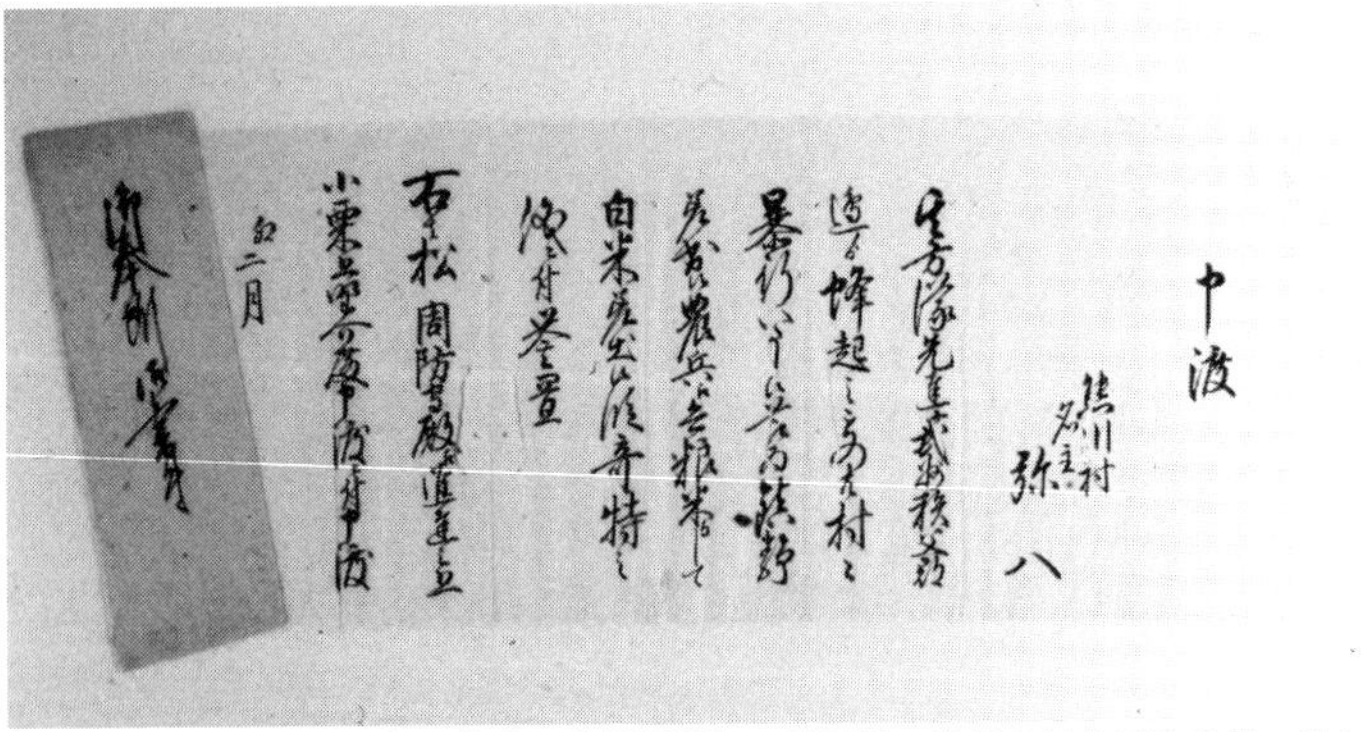

武州世直し一揆鎮圧に際し農兵の兵糧提供につき褒状　慶応３年(1867)２月　個人蔵　福生市教育委員会提供

築地河原（現・東京都昭島市）で、田那村淳・長沢房五郎は柳窪（現・東京都東久留米市）で、井上連吉（義正）・羽鳥為助は入野で鎮圧にあたった。山田広業は藤沢宿・木曽村組合の農兵を率いたが、鎮圧には間に合わなかった。後述する農兵の大坂出兵命令への対処のため、ちょうど日野宿に出張していた増山は、鉄砲方附ではなかったものの、「砲術之心掛も御座候」とのことで、農兵一四四名を率い鎮圧を行った。

出動した農兵たちは、地域防衛、治安維持を大義名分に、容赦なく一揆勢に対し発砲し、殺傷した。死亡者は三十数名に達した。一揆勢は「農兵之英威ニ驚嘆して」、武器を打ち捨て離散した。この一件は、武器を持たず人を殺さないという伝統的な近世の百姓一揆の作法が崩れるという、大きな転換点となった。命を下した権力側は当然として、農兵として動員された村々の百姓たちも同じ百姓を殺害することに、この時から躊躇しなくなったとされる（『幕末の世直し　万人の戦争状態』）。

他に韮山代官配下としては、六月十八日、御鉄砲方教示方の安井忠規（晴之助）・森田留蔵・中村惣次郎らも、御鉄砲方の組同心ら二十数名とともに中山道周辺の諸宿村へ出動し、民情調査と慰撫を行った。代官松村忠四郎の要請によるものだった。たまたま江戸に滞在していたためだろうか、それには駿河国富士郡大宮町の農兵熊太郎が同行していた。一行は、板橋・蕨《わらび》・浦和・大宮・桶川・鴻巣《こうのす》・所沢・飯能といった各地を回り、同月二十七日に帰着した。熊太郎には褒美として金一朱が下された（『武州世直し一揆史料（二）』）。

なお、当初、小栗上野介から命令があった伊豆・駿河からも農兵を派遣するという案は沙汰やみとなった。ただし、原宿組合から一四名、吉原宿組合から一〇名、大宮町組合から八名の農兵が武州へ派遣されたという記録も残されている（植松善夫家文書「乱妨人始末書之事」）。

息子を農兵幹部として差し出していた駿河国駿東郡原宿の有力者植松与右衛門（季敬）は、「武州表乱妨人始末書」と題する見聞録を残した。それには、一揆勢鎮圧における農兵の活躍ぶりや、萌黄《もえぎ》色の陣羽織に一刀を帯び白紙の采配をふるって出動した駒木野宿農兵差図役のいでたち、農兵が押し立てた旗の図などが、あたかも軍記物のごとく詳しく記されている（『原宿植松家日記・見聞雑記　二』）。地理的には遠く離れていても、立場を同じくする者として、つまり一揆勢に襲われる素封家側、鎮圧する農兵側として、無関心ではいられなかったのである。

同年十月、日野宿組合農兵や同宿名主彦五郎に対し、勘定奉行から一揆鎮圧の功に対する褒賞の書付が下された（『武州世直し一揆史料（二）』）。もちろんその他の農兵たちに対しても同様の「お褒め」があったはずである。

相州御備場詰

慶応二年（一八六六）五月、老中板倉勝静《いたくらかつきよ》から韮山代官農兵を大坂へ派遣せよとの指令が発せられた。次いで六月一日に勘定奉行小笠原摂津守（広業《ひろなり》）から江川英武に発せられたのは、「其支配所限り警衛」という本来の趣旨に反し、また農業にも差し障りが出るため、手附・手代の子や農事に支障が生じない農兵だけを選抜して上坂せよとの内容であり、命令が若干軟化した。十日、英武は小笠原に「上坂御免」の願書を提出した。富士郡大宮町では六月十日、やって来た代官手代岡田直臣に説諭され、しぶしぶ上坂要員として次三男などから五人を選抜することになったが（『駿州富士郡大宮町角田桜岳日記』五）、六月中には吉原宿農兵世話掛らが韮山代官宛てに上坂御免の願書を提出していることから、下からの突き上げもあったと考えられる。同時期に発生した武州一揆への対応もあり、結局、この一件は沙汰やみとなったようである。

農兵が自村を離れることを極めて嫌がったことは、慶応元年五月、手代らが関東での農兵調練に出張するため、手薄になった韮山代官所の警衛に吉原・大宮組などの農兵を三十日交代であてたいとしたことに対し、地元から「難渋」を申し立てたことからもうかがえる（同前『日記』五）。比較的居住地に近い韮山での勤務さえ忌避されたのである。

慶応三年（一八六七）五月、韮山代官農兵に対し相州御備場、すなわち三浦半島にある観音崎台場*の警衛にあたるようにとの命令が発せられた。武相では一組合四、五名を派遣せよとのことだった。自分の村を離れての業務と経済的負担の増加、さらには「非常之儀」（生命の危険が生じること）に対する父兄の心配などから、村々の反対運動が引き起こされた

表8　相州御備場詰の農兵「御警衛人仮規則書」の内容（口語訳）

一	当番・非番を決めて警衛すること
一	台場に詰める人数だけ小銃を各人が携帯すること
一	小銃やその付属品の手入れは粗略にしないこと
一	命中度に影響するので、小銃を据え置く場所の地形はたびたび見直すこと
一	玉薬は雨天に注意して準備しておき、雨覆いなどを散らかさないこと
一	毎朝1回、大砲打ち方の規則通り稽古し、その後は1回ずつ小隊打方手前運動をすること　沖合を往来する船がある場合は、動物を仮の標的とし、照準の合わせ方を学ぶこと
一	平素から小銃を携帯し、昼夜台場内を見廻ることを怠らないこと
一	沙汰があるまで他出せず、病気などの節は差図役に申し出ること
一	他行した際は、往来人に粗暴の振る舞いをすることなく、農民・漁民の産業の妨げにならないよう注意すること
一	出席中は雑談せず、礼節を正しく、謙遜に心掛けること
一	台場内では弁当のほかは食物を持参しないこと
一	火薬庫は取り締まりに特に注意すること
一	火の元は特に注意し、煙草は控所だけで吸うこと

慶応3年6月「御警衛人仮規則書」（『民権ブックス11号　武装する農民』所載）より作成。

（「幕末期幕領農兵組織の成立と展開」）。しかし、派遣は実行され、同年六月時点で武相の一三組から五〇名弱の農兵が警衛に従事していた。表8に示したように、一三か条からなる「御警衛人仮規則書」が定められ、警衛の当番・非番、日々の訓練、銃の手入れ、火の用心などについて細かく規定された（『民権ブックス11号　武装する農民』）。

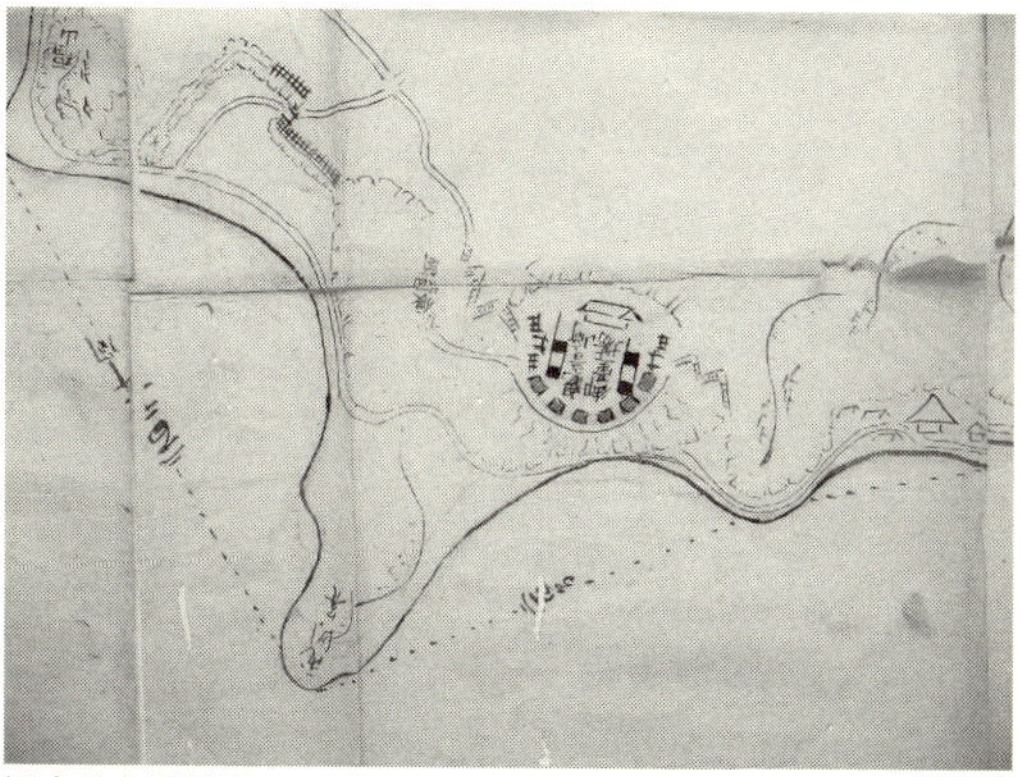

観音崎台場絵図　公益財団法人江川文庫所蔵

なお、慶応四年（一八六八）正月刊行の『県令集覧』（全国の幕府代官所の名簿）には、韮山代官の箇所に「相州御備場附」として、安井晴之助・山田清次郎・田那村淳・長沢房五郎・斎藤四郎之助・森田留蔵・岩島廉平・中村惣次郎・中浜万次郎・甲斐芳太郎の一〇名の名が掲載されており、彼らが観音崎に派遣された農兵の指揮・監督にあたったことがわかる。

＊観音崎台場　三浦半島の観音崎（横須賀市）に設置された台場。文化九年（一八一二）に会津藩によって造られ、文政四年（一八二一）からは浦賀奉行が管理した。慶応期に韮山代官が守備を担当したものの、維新後は明治政府の管轄となった。明治十四年（一八八一）には、周囲一帯は要塞として一般人の立ち入りが禁止された。海軍省から陸軍省へと引継がれ、昭和二十年（一九四五）の敗戦に至った。

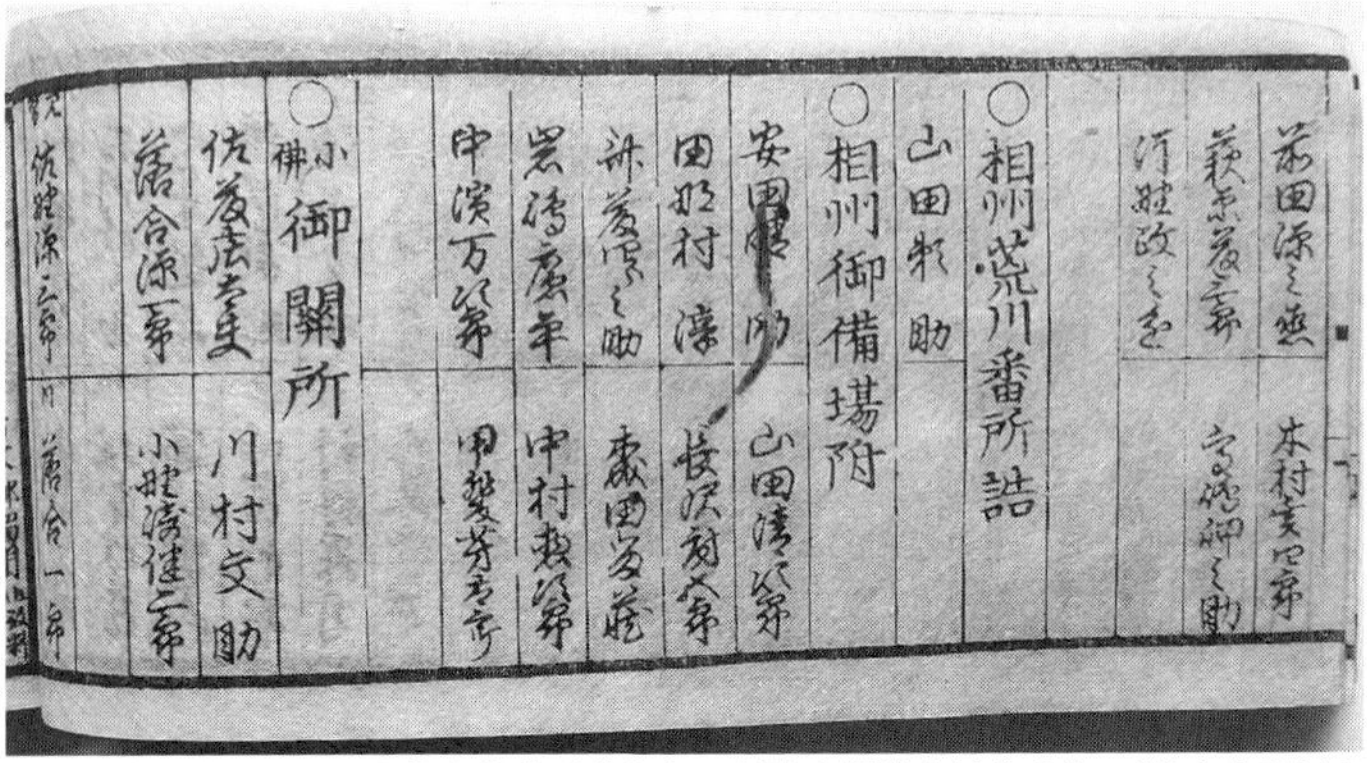

相州御備場附をつとめた韮山代官手代たち　沼津市明治史料館所蔵　『県令集覧』（慶応4年正月刊）の掲載部分。

多摩郡蔵敷村（現・東京都東大和市）の名主杢右衛門は、慶応三年（一八六七）七月十一日、元〆手附柏木忠俊のもとを訪れ、相州御備場派遣中止を言上しており、柏木もそれに理解を示していた。結局、派遣は二回目の交代までで終わることとなった（『里正日誌』第九巻）。

　相州御備場の警備については、戊辰戦争前夜の江戸薩邸浪士隊＊による荻野山中藩の陣屋襲撃事件などを受け、慶応三年（一八六七）十二月、韮山代官では勘定所に対し、農兵五〇名での警備増強策を伺い出ている（『厚木市史　近世資料編（5）』）。同月には、芝新銭座の代官役所警備の

＊**薩邸浪士隊**
慶応三年（一八六七）、三田の薩摩藩江戸藩邸を根拠地に、旧幕府方を挑発するため、江戸市中で放火・略奪・暴行などを働いた浪士たち。武力討幕の口実を得るため、西郷隆盛の意を受けた相楽総三がリーダーとなった。十二月二十五日、旧幕府方の薩邸焼き打ちを受け壊滅。

ための農兵派遣も命じられたが、武蔵国多摩郡の蔵敷組合では村役人らが集会・協議の上、出府して派遣免除を嘆願するに至った。村側は、江戸詰を命じられては、村内の治安維持ができなくなるという理屈だった。

第四章

戊辰戦争とその前後

八王子での浪士殺傷事件

鳥羽・伏見での開戦の誘い水となったのが、旧幕府方を挑発すべく行われた、江戸薩摩藩邸を根城とする浪士隊の攪乱工作である。浪士隊は江戸府内のみならず、関東周辺でも混乱を引き起こそうとする。

薩邸を出て、慶応三年（一八六七）十一月、下野国の出流山《いずるさん》で挙兵した竹内啓《ひらく》を隊長とする一隊は、翌月には関東取締出役渋谷鷲郎率いる農兵を主力とした討伐軍によって壊滅させられた。

一方、十二月十五日江戸を出発した、鯉淵四郎（水戸出身浪士）を隊長とする一隊は相模国の荻野山中藩陣屋の焼き討ちを、上田修理（努、別名長尾真七郎など、武蔵出身浪士）を隊長とする一隊は甲府城焼き討ちを目指した。

薩州屋敷焼撃之図　鶴岡市郷土資料館所蔵　江戸薩摩藩邸焼き討ちを描いた錦絵。

上田の一行八名は、十六日深夜、宿泊していた八王子宿において、会津藩の間者原宗四郎（甘利源治）の密告により、韮山代官手代増山鍵次郎・鯨井俊司が指揮する、駒木野宿名主鈴木金平、日野宿農兵万之助ら農兵たちの襲撃を受け死傷者を出し、決起は失敗に帰した。襲撃した側も農兵万之助らが死亡した。この事件は浪士らの宿泊先である旅籠屋の名前から徳利伊勢事件、あるいは壺伊勢事件と呼ばれた（『新八王子市史　通史編4　近世（下）』）。生き延びた浪士は江戸薩摩藩邸に逃げもどった。二十五日には庄内藩などによって薩摩藩邸への攻撃が実行されたが、ここでも生き残った上田らは京都へ脱出することに成功した。

薩邸焼き討ちから脱出した浪士らに対し、旧幕府は逮捕命令を出し、韮山代官所にも「農兵ヲ以召捕」との指令が江戸から伝えられた。それを受け、十二月二十六日、東海道原宿（現・沼津市）に手代岡田直臣らが派出するとともに、翌日には甲州路に手代斎藤四郎之助・駒崎清五郎が派遣された。原宿・吉原宿・大宮町の農兵に対しては、二十八日付で「組合村農兵呼集勢揃手配」いたすべしとの命令が柏木忠俊・三科信義から発せられた（原植松家文書「覚書」）。二十八日には韮山からも、農兵二五名と農兵学校の職員小川茂左衛門・鈴木広らが御厨方面（現・御殿場市等）へ出張した（公益財団法人江川文庫所蔵「日記」）。

箱根関所を破り、西へ逃走中だった浪士脇田一郎（高鍋藩士）・水筑弦太郎・鈴木来助（水戸浪士か）は原宿で待ち構えていた岡田らによって捕縛された（公益財団法人江川文庫所蔵30―2「御用留」）。松並木の左右の土手の陰に伏せた農兵らが、上意の一声とともに素早く浪士らが乗った駕籠に銃を突き付け、武器を取り上げ逮捕したという。農兵の警固により三島宿の農兵調練場まで連行された逮捕者は、やがて箱根関所役人に引き渡されることとなった。箱根までは農兵六名が付き添った。この騒ぎのため、農兵は総出となり、三島宿は大混乱だった。韮山代官所の実質的な責任者、元〆手附柏木忠俊は、なぜか「農兵の手にて召捕しを不快し《（ママ）》為し心痛」していたという（『松翁六十路の夢』）。政局の急変に敏感になっていた柏木は、薩摩藩側に無用な遺恨を持たれることを避けたかったのだろう。ただし、捕われた三人は薩邸浪士ではなかったとされる（『相楽総三とその同志（上）』）。

　ところで、農兵がからんだ八王子での一件は、翌年に入り「官軍」の東征が進む中、新政府へ恭順しようとする韮山代官江川英武にとって絶体絶命ともいうべき、大きなピンチをもたらした。すなわち、「官軍」となった上田・鯉淵らによって、同志が殺害されたことへの報復や、奪われた武器類の返還要求が突き付けられたからである。

　鳥羽・伏見の敗戦と新政府軍の江戸進撃という急転直下する状況の中、旧幕府からの離脱と新政府への恭順姿勢を認めてもらうため、慶応四年（一八六八）二月、江川英武は、配下の手代岡田直臣らを連れ、韮山を出立、京都へと向かった。三月二十三日、入京した一行の宿所を薩摩藩士と鯉淵四郎らが訪れ、怒気を帯びた傲岸不遜な態度で、事件時の遺失物と金員の返還・賠償を求めた。対応には、年少の江川英武に代わり、岡田が当たった。

岡田は、事件についての始末書を作成し、それを太政官弁事伝達所に提出した後、賠償金を持参すべくいったん韮山へ帰り、四月十六日再度京都に到着した。十七日、岡田は遺失物目録と賠償金を鯉淵に渡そうとしたが、薩摩藩士らの態度は以前とは打って変わり穏やかになり、自分たちの勝手には処理できないとの理由を述べ、それを受け取らなかった。薩摩藩留守居役の内田政風（仲之助）に対しては、八王子事件当時の押収品は、当時の責任者だった勘定奉行小栗上野介に引き渡したため、現在は行方不明であり、取り戻すことができない旨を伝えた。

閏四月一日、落合直亮《おちあいなおあき》＊（源一郎）・梅沢三司（三治・敬之）が仲介役となり、薩摩藩留守居役には秘密にして、内々で上田修理に示談金一五〇両を渡すことに決した。落合は韮山代官管下の武蔵国・小仏関所の関守の家出身の志士で、薩邸浪士隊副総裁だった人物である。梅沢は、落合家と同僚の関守から幕臣になった川村正平《しょうへい》＊（恵十郎《えじゅうろう》）の厄介兄で、高島流砲術の江川門人でもあった。同月八日、岡田が内田を訪ねたところ、八王子の死傷事件について、「主命を奉候者士之常道」、「古今通例」、つまり主君の命を奉じる武士としては致し方ない、古今の通例であるとして容認し、逆に金子を要求することな

＊落合直亮
（一八二七〜九四）

通称は源一郎。武蔵国多摩郡駒木野の小仏関所の関守の子。尊王攘夷の志士活動を行い、薩邸浪士隊に参加。明治期には伊勢神宮などの神官をつとめた。国文学者落合直文は娘婿。

＊川村正平
（一八三五〜九七）

旧名は恵十郎。武蔵国多摩郡の小仏関所の関守の子。天然理心流を学び、元治元年（一八六四）上洛し一橋慶喜に仕えた。慶喜の将軍就任とともに幕臣となった。静岡藩士を経て、明治政府に出仕、大蔵省・内務省などに勤務し、退官後は日光東照宮の祢宜になった。

どは「鄙劣之応対」であり、受け取れないと言われた。ただし、奪われた刀と鎧《よろい》は上田家の家宝であることから、関東が平穏になった際には探し出して返還してやってほしいとのことだった（公益財団法人江川文庫所蔵「旧夢　戊辰西上記」）。

こうして一件落着した八王子事件であるが、浪士・薩摩藩側が軟化した背景には、高島流砲術の師弟関係を通じて育まれた江川家と薩摩藩士との間の以前からの友好と、勤王倒幕活動に加わっていた落合直亮らの存在と仲立ちがあったと考えられる。農兵の活躍が引き起こした事件の思わぬ展開であった。

なお、右の一件については、長州藩士内海忠勝が韮山代官側に対し、浪士襲撃を指揮した増山鍵次郎・鯨井俊司の二人の首級を要求したため、江川配下の筆頭である柏木忠俊が二人に改名させ、匿ったとする資料もある（『日野市史　通史編二（下）』）。ただし、内海と上田修理とを同一人物とするのは誤りであろう。先の記述に使用した「旧夢　戊辰西上記」には、柏木の役割は記されていないが、増山鍵次郎が身を隠すべく改名したことは事実だったようである。彼は大沢克之助という全く別の名前を名乗り、その後も韮山県下吏などとして勤務を続けた（『明治初期静岡県史料』第一巻）。後年はさらに柳沢敏克と改名し、内務省の官吏をつとめ、明治二十五年（一八九二）に五十六歳で没している。

戊辰戦争の中で

実はこれ以前にも、農兵の存在は江川英武に対し、もうひとつの試練をもたらしていた。新政府から「官軍」としての出兵を求められたのである。

韮山から上洛する途中、二月二十日、江川は東海道池鯉鮒《ちりゅう》宿（現・愛知県知立市）において東征軍の先鋒総督参謀海江田武次・木梨精一郎に面会し、人別取調帳や絵図類など伊豆・駿河の支配地に関する基礎的な行政文書を提出した。その中には「弐番農兵御用留」一冊が含まれていた。二人の参謀は、勤王遵奉の精神を確認するとともに、農兵を出兵すべしとの意向を示した。江川はその場で、農兵の出動はできない旨を返答し、さらに翌日には「人数差出候義御達に付奉候書付」という書面を作成し提出した。それには、農兵はもともと「其所之横害予防」（宿村の治安維持）を目的としたものであり、遠方にまで出征させるのは農事に多大な支障が生じる上、近来は物価騰貴による疲弊のため稽古も怠りがちで、お役に立てるような状態にはないので、何卒ご宥免願いたいと記されていた。両参謀はそれを一読し、すんなりと農兵出兵を不要と認め、代わりに東征軍の人馬継立と賄方をしっかり担当せよと言い渡した（公益財団法人江川文庫所蔵G29―78）。

韮山代官の農兵は、地域の治安維持や郷土防衛という設立趣旨から外れ、正規軍同士がぶつかる外征にまで利用されることは免れたのである。

上洛した江川は五十日以上の滞在を余儀なくされたが、それは新政府側に農兵を保持する江川を韮山へ返すことは、「虎を放って山に還すと同様」との疑念があったからだという。かつて江川門下で砲術を学んだ木戸《きど》孝允《たかよし》*が理解を示してくれたこともあり、やがて疑いは晴れ、帰郷が許されたとされる（「燈下筆記」）。そもそも幕府の農兵は、各地の代官の支配下に置かれ、その土地を離れるようなことは想定されていなかったわけであり、幕府陸軍という軍事組織の中にきちんと位置づけられた存在ではなかった。その意味において後述する常備軍に組み込まれた諸藩の農兵などとは大きく違っていた。まして江川家が政治的意図をもって恣意的に動かす可能性も少なかった。明

＊木戸孝允
（一八三三～七七）
旧名桂小五郎。斎藤弥九郎に神道無念流を学んだほか、嘉永六年（一八五三）江川坦庵に入門し高島流砲術を学び、文久元年（一八六一）十一月には江戸芝新銭座大小砲習練場の学頭に任命された。幕末の長州藩を指導し、維新の三傑の一人となった。江川英武の妹英子を自分の養女とし、元長州藩士河瀬真孝と結婚させるなど、明治期にも江川家との親交が続いた。

佐藤彦五郎　佐藤彦五郎新選組資料館所蔵

日野宿農兵の調練旗・複製（原資料：和田洋介氏所蔵）　日野市立新選組のふるさと歴史館所蔵

治新政府は韮山代官所の農兵を過大評価していたのであり、実際にはそれほど恐れる必要はなかったのである。

　ただし、多摩では、恭順した江川とは全く別の動きも生じた。武蔵国日野宿（現・東京都日野市）の韮山代官所農兵のうち、佐藤彦五郎*ら有志によって結成された春日隊（日野宿門人隊）は、三月、新選組の後身である甲陽鎮撫隊とともに甲州柏尾《かしお》戦争*に参加するなど、新政府軍に抗した。日野宿の問屋・名主であり、同宿農兵の指導者でも

＊佐藤彦五郎
（一八二七～一九〇二）
武蔵国多摩郡日野宿（日野市）の名主をつとめたほか、韮山代官の農兵に応じた。天然理心流の免許皆伝、また妻は土方歳三の姉であり、新選組の有力な支援者だった。明治期には南多摩郡長などをつとめた。

＊甲州柏尾戦争
慶応四年（一八六八）三月六日、甲府を目指す甲陽鎮撫隊（元新選組）と、すでに甲府城に入城していた板垣退助率いる新政府の東山道軍が激突した戦い。勝沼戦争ともいわれる。新政府軍は土佐藩兵や鳥取藩兵からなり、丹波国の農民が結成した山国隊も従軍していた。

あった佐藤は、新選組の土方歳三の義兄（姉の夫）にあたり、剣術、天然理心流の門人としては近藤勇の弟弟子でもあり、いわば新選組の強力なサポーターだったからである。隊員二五名中、一六名が農兵だった。ただし、甲陽鎮撫隊が敗走したため、新政府軍の追及を避けるため、佐藤家はしばらくの間、逃亡生活を余儀なくされた（『新選組・新徴組と日野』）。

慶応四年（一八六八）閏四月には、旧幕臣の脱走部隊、仁義隊が木曽・八王子・拝島組合の韮山代官農兵に配備されていた銃や刀・鎗などを「押借」していったという事実があった（『里正日誌』第十巻）。また、田無村組合農兵の中心人物である同村名主下田半兵衛は、同年五月、彰義隊から分派した振武軍が村内に滞陣することを許容し、軍用金徴集などにも協力した（『飯能炎上』）。いずれも農兵を直接動かすことはなく、旧幕府軍に積極的に加担したというわけではないが、結果として武器や資金を供与したことになる。やむを得ず協力した面もあるはずだが、一面では、佐幕派に与したいという、徳川贔屓《びいき》の関東の住人としての心情があったのかもしれない。

存続と解散

維新の政変により幕府という設立母体を失った韮山代官の農兵は、やがて解散していった。いち早く姿を消したのは、駿河国に所在した原・吉原・大宮の農兵であり、旧幕府＝徳川家の駿河移封による駿河府中藩（翌年静岡藩と改称）の成立にともなう解散だった。明治元年十一月、江川英武は、それら駿河国の宿村に貸し渡していた農兵用小銃について、返還させよとの大総督宮の命を受け、新政府・軍務官への提出を伺い出ている（国立公文書館所蔵「公文録」）。家臣数が定員オーバーだった静岡藩にとって兵員は足りており、農兵の必要性はまったくなかった。明治三年（一八七〇）十月、吉原宿他五か村の名主たちは、静岡藩の沼津郡方役所に対し、自分たちの宿村には韮山代官時代に訓練を受け「小隊撒兵入」を認められた農兵だった者がいるので、「非常之患害予防」すなわち治安維持のため、鉄砲所持を許可してほしいとの願書を提出したが、許可されなかった（『東海道吉原宿』）。一方、新政府に所属し、韮山代官支配地をそのまま引き継いだ韮山県の管轄下では、農兵はしばらく存続した。

明治三年（一八七〇）三月、韮山県では兵部省に対し、政府の方針にもとづき、伊豆国の三小隊、武蔵国の二小隊のみを残し、他の農兵は解散することを伺い出て（『明治初期静岡県史料』第五巻）、許可されたらしい。同年七月時点で民部省に提出した常備兵に関する返答書にも、伊豆三小隊、武蔵二小隊の農兵を申告している（『韮山町史　第六巻　下』）。

多摩地方では、明治三年（一八七〇）四月に貸し渡されていたゲベール銃が韮山県に返納された一方、治安維持用として新たにミニエー銃*が貸与されたらしい。

韮山代官所のお膝元に置かれた金谷組農兵は、田方郡金谷村・山木村・多田村・土手和田村・中村・北江間村（いずれも現・伊豆の国市）から構成されたが、多田村に残された記録によれば、天皇東幸（明治元年十月）、還幸（同年十二月）、再幸（同二年三月）、皇后の東京行き（同二年十月）、勅使三条実美の伊勢代参時（同四年十月）に三島・箱根で警備にあたるなど、明治四年（一八七一）に至るまで活動を続けていたことがわかる（『韮山町史　第五巻　下』）。

金谷組が残された小隊のひとつだったのであろう。

＊ミニエー銃
一八四九年にフランスで開発された前装式施条銃。銃身内部にライフリング（螺旋状の溝）をほどこし、椎の実形の弾丸を使用した。

表9　明治５年（1872）３月下田町農兵の返納品リスト

品名	数量	備　　考
小銃	38	剣３本不足。20挺は東幸警衛の際に学校所へ預け済。
胴乱	54	不足２
背負皮	42	不足16
三ッ又	25	不足20
玉取	27	不足18

「農兵江御貸渡小銃幷附属御品共御返納御届書」（公益財団法人江川文庫所蔵）より作成

表10　明治５年（1872）３月　元韮山県から陸軍省へ返納した農兵小銃類リスト

品　名	数量
舶来元込小銃	280挺
和製ミニーゲウエール	32挺
和製小銃	643挺
舶来元込小銃パトロン	28箱
胴乱	538
小銃パトロン	430
ミニー小銃パトロン	210
火薬	58貫目

『明治初期静岡県史料』第五巻より作成

三島宿の農兵調練場の施設だった板葺きの建物は、明治三年か四年頃、韮山県庁の許可を得て、旧幕臣斎藤藤助が開いた私塾に転用されることとなったという（『三島市誌』下巻）。

　伊豆国賀茂郡下田町（現・下田市）では、農兵が廃止された後、明治五年（一八七二）三月、足柄県韮山出張所に小銃やその付属品などを五棹の長持に入れて返納した。表9はその内訳である。本来配備されていた小銃五八挺のうち、すでに二〇挺は東幸の警衛に出動した際に韮山の学校所に預け済みだった。二〇名の農兵が明治元年の東幸の際に三島宿まで出動したのであろう。不足となっている分は、貸与中に破損・廃棄したり、紛失してしまったのかもしれない。

同じ五年（一八七二）三月、元韮山県全体から陸軍省に返納された小銃類のリストが表10である。外国製より国産の小銃が圧倒的に多かったことがわかる。返納先は近くの沼津出張兵学寮（静岡藩の沼津兵学校が政府に移管され、陸軍兵学寮の分校とされていた）にしてほしいと希望したが、東京の武《ぶ》庫司《こし》に納めよとの返答だった（『明治初期静岡県史料』第五巻）。

明治五年（一八七二）は徴兵の詔が出された年でもあった。こうして韮山代官が創設した農兵が廃止された直後、今度は明治政府が施行した徴兵制によって人々は縛られていくこととなるのである。

第Ⅱ部

幕末の農兵いろいろ

幕末には幕府のみならず、全国の諸藩で農兵を採用するに至った。武士だけが軍事を担うという、兵農分離、身分制の原則を崩さざるをえなかったのである。それは国民国家の形成を用意する前提でもあった。

● 本書に登場する各地の農兵分布図

第一章

各地の幕府代官による農兵

農兵の種類

農兵については、①農村に住む郷士、②武士による正規軍の補充部隊とすべく、領主が在地のまま軍事的訓練をほどこした農民、③村や農業から切り離した農民を兵営に入れ、常備軍としたもの、④領主や外敵に抵抗すべく武装した革命的民兵、といった古典的な分類がある（『日本の軍国主義』第一巻）。第一部で扱った韮山代官所農兵を含め、後述する幕府の農兵は、いずれも②にあてはまる。やはり後述する幕府の兵賦・歩兵や諸藩の農兵の一部は、③である。④は、一揆・打ちこわし・世直し騒動など、民衆暴動の中で自然発生的に生まれると想定されたもので、日本の歴史上、ほぼ実在はしなかった。別の分類を提唱した例もある。❶正規軍の一部になったもの（幕府の兵賦・

歩兵など）、❷村落の治安維持を行うもの（いわゆる農兵）、❸武士として扱われ武士の軍隊に組み込まれたもの（奇兵隊など）、❹武士と庶民が混在したまま結成されたもの（赤報隊・新選組など）、といった分け方である（「幕末維新軍事史研究の回顧と展望」）。

研究者によってとらえ方、分け方が違うことがわかる。②と❷が同じ、③と❶が同じであるが、③❶と❸との差は微妙であるし、❸と❹もそうである。結成から解散までの間、性格を変えていった場合もあるはずである。類型化するには難しい面がある。

以下、分類の厳密さにはそれほどこだわらず、さまざまなタイプの農兵とその類似組織についてのおおよそを紹介していきたい。

まず本章では、韮山代官を除く各地の幕府代官が取り立てたものなど、幕府による農兵についてである。

東国の幕府農兵

甲府代官は、文久三年（一八六三）五月、十五歳から六十歳までの強壮者

村山農兵訓練の図　明治大学博物館所蔵

や猟師鉄砲をリストアップさせ、「勇壮人」という名の治安維持組織をつくらせ、村組毎に取締世話役、同助、世話役を任命した。元治元年（一八六四）の天狗党西上の際には陣屋警備にあたった（『甲府市史　通史編第二巻　近世』）。

同じ甲斐の石和《いさわ》代官支配地では、文久三年八月から「強壮人」の徴募が開始され、数か村毎に一番から一三番までに編成し、緊急時には陣屋の東西南北を固めることとした。非常は半鐘によって知らされることとされたほか、翌年一月には「足並揃」と称して調練も実施された（『石和町誌　第一巻　自然編・歴史編』）。

甲府・石和とも、韮山代官に対する農兵取り立て許可よりも早く、またその性格は農兵というよりも自警団に近いものだったと思われる。

韮山代官への許可以前の動きとして、他に出

出羽国村山郡松橋村の農兵の編成　文久3年（1863）

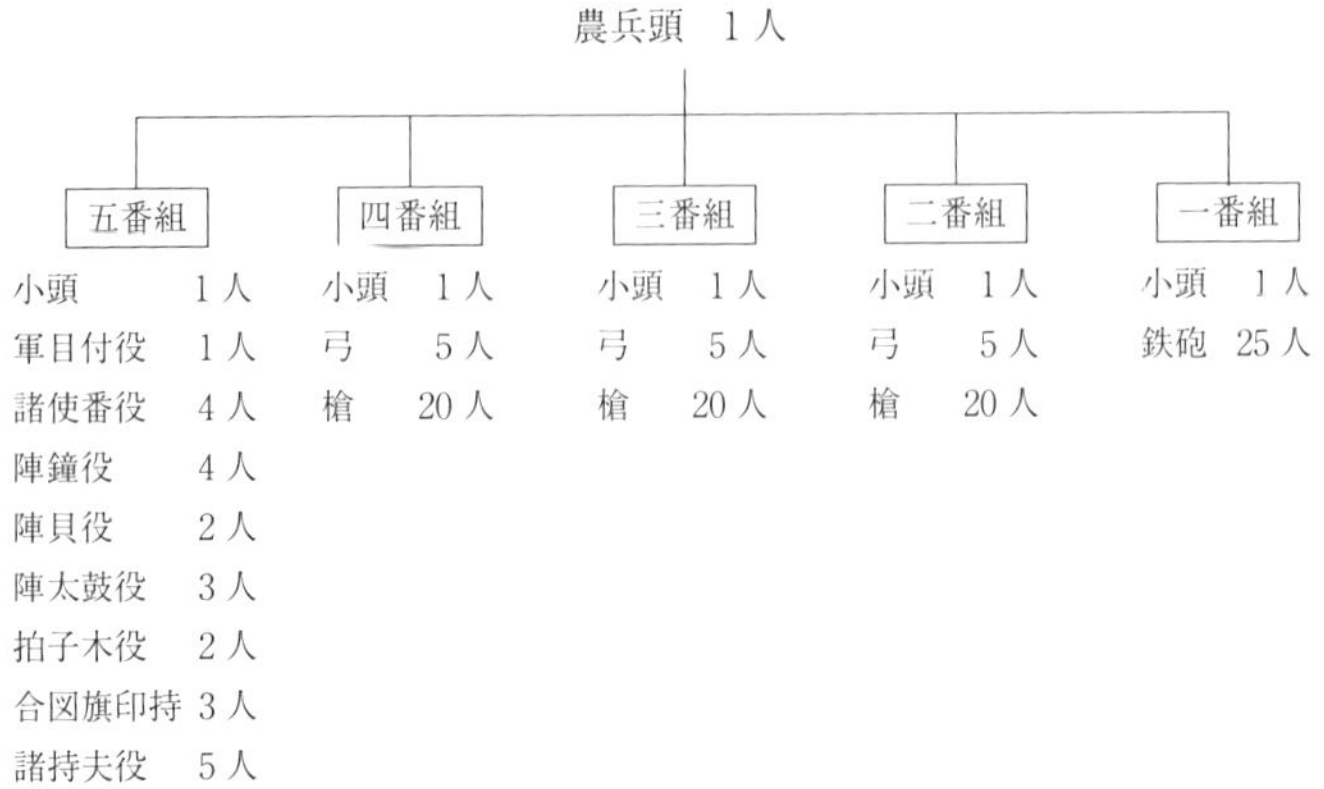

「庶民剣士と村山の農兵」より作成

羽国の例がある。文久三年（一八六三）九月、出羽国の幕領を管轄する寒河江《さがえ》・柴橋両代官を兼務した新見蠖蔵は、村山郡内での二六二〇名の農兵取り立てを発表し、豪農・地主らを農兵頭に任命した。一人の農兵頭の下に五組が置かれ、各組には小頭が置かれ、小頭は二五名の歩卒を率いるという編成で、五組のうち、銃を持ったのは一組のみで、残り三組は弓・槍の隊、一組は鉦・貝などの雑務担当の隊という、古めかしい組み立てだった。農兵頭は帯刀や馬上での指揮を許され、また自分の家紋をデザインした隊旗を使用したというので（「庶民剣士と村山の農兵」）、韮山代官所農兵などとは随分イメージが異なる。

しかし、反対運動もあり、十二月には新見が転任したことから、元治元年（一八六四）十一月、計画は中止された。管内には、寒河江と柴橋の両陣屋の統合問題もからみ、私財を投じて農兵用の武器を調達する熱心な素封家がいた反面、それを冷やかな目で見る批判的な素封家もいた。なお、寒河江・柴橋代官所では、代官山田佐金次の下、慶応二年（一八六六）八月、前月に近隣で起きた世直し一揆（兵蔵騒動）に対する危機感から、「強壮人」と呼ばれる農兵が新たに編成されている（『寒河江市史　中巻　近世編』）。強壮人は一揆の首謀者の取り調べにもあたった。

文久三年（一八六三）十月に許可された韮山代官江川英敏に続き、その翌月、木村董平（馬喰町御用屋敷詰、武蔵・相模支配）、佐々井半十郎（馬喰町御用屋敷詰、武蔵・下総支配）、北条平次郎（常陸・下総支配）、山内源七郎（真岡代官、下野・常陸・下総支配）、松村忠四郎（馬喰町御用屋敷詰、武蔵・下総支配）、福田所左衛門、今川要作（安房・上総・下総支配）、小笠原甫三郎（岩鼻陣屋、武蔵・上野支

配)、中村勘兵衛(塙《はなわ》代官、陸奥支配)ら、関東筋の幕領支配を担当した代官たちに対し、農兵取り立てが命じられた。

そもそも関東の代官による農兵取り立てについて老中が内諾したのは、文久三年八月のことで、それまで陣屋がなかった管轄地にもそれを新設し、代官たちの持ち場を明確にするとともに、そこに武術に長けた旗本・御家人の次三男・厄介を配置するといった改革の一環であった(「幕末期の関東取締出役」)。韮山代官への農兵取り立て許可もそのような流れの上にあったのである。天狗党の乱*や攘夷戦争発生の危機などが、諸藩を軍事動員することに頼ってばかりはいられないとして、幕領が独自に警備体制を整備・促進する方向にとつながったわけである。

ただし、武蔵国の代官を兼任した勘定組頭木村勝敬(敬蔵)のように、農兵取り立てに対し慎重論を唱えた者もいたことから、命を受けてすぐに実行されたか否かは、各代官所で差が生じた。

慶応二年(一八六六)九月、代官今川要作の指示を受け、武蔵国橘樹《たちばな》郡と荏原郡とに属する川崎宿寄場組合の五三か村は、二小隊五〇人の農兵を設置することになった。直前の武州一揆に覚えた恐怖から、「下賤之愚民」によ

*天狗党の乱
元治元年(一八六四)三月、水戸藩の尊攘派天狗党が筑波山で挙兵し、京都にいる一橋慶喜に攘夷延期反対を訴えるため、各地の諸藩や幕府の追捕軍と戦いつつ西へ向かった事件。途中、金沢藩に降伏し、指導者武田耕雲斎ら多くが斬罪に処せられた。

る暴挙を抑止する効果を期待しての実施だった。寄場組合には幕府領のみならず旗本領の村も含まれていたが、その中からも差別なく農兵が選出されており、その点は韮山代官農兵と異なっていた。開港地横浜に近く、また外国人遊歩地区も入っていたため、異変の際には神奈川奉行の要請による出動も想定された（『川崎市史　通史編2近世』）。うち荏原郡六郷領の小隊では、木綿禅胴服や六郷領の印が入った韮山笠、脇差が揃えられ、太鼓も用意された（『大田区史』中巻）。

代官松村忠四郎支配の豊島郡下板橋宿組合などでも、農兵取り立てが始まったのは武州一揆後の慶応二年（一八六六）十二月のことだった（『板橋区史　通史編　上巻』）。

関東郡代*が上州・武州の幕領支配を行うため設置した上野国群馬郡岩鼻村（高崎市）の岩鼻陣屋では、文久三年（一八六三）十月、上層農民の子弟に剣術・柔術・砲術を学ばせるため武術稽古場の設置を願い出た。後に京都見廻組に入り坂本龍馬を斬った男として知られることとなった今井信郎が岩鼻陣屋で剣術教授方をつとめたというのは、この時ではないかと思われる。猟師たちから成る鉄砲隊も組織され、慶応三年（一八六七）十二月の出流山事件

＊郡代
幕府直轄領を支配した民政官。職務は代官と同じだが、身分・格式が少し高かった。関東・美濃・飛驒・西国の四郡代が置かれた。

に際し出兵した。

慶応三年（一八六七）二月に羽生陣屋が新設され、十二月にはそこに羽生領一八か村から集められた農兵八〇名が常駐することとなった。戊辰戦争が開始された翌年一月には、岩鼻陣屋に在勤した関東取締出役渋谷鷲郎が村高百石につき一名を徴集し、三〇小隊一五〇〇名を編成するという、農兵取り立て計画を打ち出したものの、村々の反対に会い、二月十五日には断念している（『新編高崎市史　通史編3近世』）。

関東郡代が廃止された後、その任務を引き継いだ関東在方掛に就任し、房総・常陸の支配を担当した河津祐邦《かわづすけくに》は、慶応三年（一八六七）六月七日、佐倉藩の江戸留守居役依田学海《よだがっかい》に会い、同藩の「郷兵趣法書」を受け取り、多くの質問をしたという（『学海日録』第二巻）。管轄地での農兵取り立ての参考にするつもりだったのであろう。

下野国の真岡《もおか》代官所管内では、元治元年（一八六四）四月、天狗党の乱への対応のため、農民による鉄砲隊が編成されたことがあった。それとは別に、幕府瓦解後の慶応四年に入ると、来るべき危機に備えるため、本格的な農兵取り立てが目論まれた。真岡代官山内源七郎が、二町七五か村より二七〇から二八〇名を徴集するという触れを一月七日に出したのである。しかし、村々ではそれをサボタージュしたらしく、計画通りの規模での編成は実現しなかったものと思われ、わずかな人数の農兵も打ちこわしの発生と新政府軍・旧幕府軍が交戦する中、ほとんど機能しなかった。(『真岡市史』第七巻)。

越後国の幕領支配を担当した水原《すいばら》代官所では、元治元年(一八六四)八月、陣屋警衛のため農兵取り立てを布告している(「近世後期の越後・佐渡における海防状況」)。慶応三年に入ると信濃国の御影《みかげ》代官管下でも農兵を組織しようとしている。

韮山代官と管轄地を接する駿府代官では、文久三年(一八六三)十月に農兵取り立てを開始したようで、安倍郡足久保村他三四か村の「農兵人数取調帳」(静岡市門屋白鳥家文書)や上足洗村名主らが差し出した「北安東最寄農兵組書上帳」(静岡市上足洗高木家文書)といった文書が残されている。

なお、文久二年(一八六二)頃から大村藩士渡辺清に剣術を学んでいた遠江国榛原《はいばら》郡大日《だいにち》村(現・吉田町)の農民飯塚孫次郎は、農兵教授に選ばれ、島田陣屋に通勤し、将軍上洛時には大井川での警衛を担当したというので(『静岡県現住者人物一覧』)、駿府代官の出張陣屋である島田陣屋においても農兵を採用した可能性がある。

奉行所の農兵

佐渡では、代官ではなく奉行が管轄する農兵が置かれた。佐渡奉行岡崎伊予守（久徴）は文久三年（一八六三）二月、農兵掛を置き、百石につき三人の割合で十七歳から四十五歳までの強壮者を徴集した。全島二六〇か村を一五組に分け、各組に調練場を置いた。調練は同年十一月から開始された（『佐渡兵制史話』）。農兵の内部は、鉄砲組、鎗組、棒ならびに鉄鉞組の三組に編成され、小頭が統率した。他国へ出兵し死傷することがあった時には補償するといった定めを設けた村もあった（『新潟県史　通史編5　近世三』）。

日光奉行所では、元治元年（一八六四）、天狗党の乱に対応すべく、支配下の五四か村から六六〇人の鉄砲所持者を動員した。「農兵」という名称は使われなかったが、内実は同じだった。彼らは戊辰戦争に際しても再度動員され、慶応四年（一八六八）二月から四月にかけ、街道の要所や日光町・今市宿などで警備活動に従事した。当初は大鳥圭介率いる旧幕府脱走軍に協力していたが、新政府軍の進駐にともない武装解除された（『いまいち市史　通史編Ⅳ』）。

同じく浦賀奉行所の管内でも、治安対策として慶応二年（一八六六）九月に郷兵の取り立て計画が着手され、奉行土方出雲守勝敬《かつよし》の上申に対し、翌年三月に幕府の許可が下り、六月に編成が完了した。東浦賀・西浦賀の両町と周辺村々から集められた二二〇名の町人・百姓が兵士とされ、献金によって整えられたゲベール銃や黄色の一本線が入った韮山笠が支給された。奉行所の与力・同心たちの指導の下、訓練は行われたが、実戦に出動するようなことはなく、慶応四年四月、新政府軍の指示により小銃が回収されることとなり、翌月には浦賀奉行所そのものが新政府へ引き渡された結果、郷兵も解散した（「浦賀の郷兵について」）。

江戸の町兵

奉行が管轄する兵隊としては、江戸町奉行が慶応三年（一八六七）十二月に計画した「町兵」取り立てがある。正規軍の多くが上方へ派遣されている中、薩邸浪士による市中攪乱など、治安悪化への対応が迫られていた江戸では、警備活動のための新たに部隊を編成すべく、町人たちから兵士を募ることとしたのである。会津藩による提案だともされる。

一大隊で兵卒の総員は四〇〇人、一小隊四〇人で全一〇小隊からなる。大隊の指揮には町奉行配下の与力・同心があたり、町兵指揮役頭取（与力）が二名、町兵指揮役（同心）が二〇名とされた。小隊毎に部屋、すなわち兵舎が与えられ、それを統括する部屋頭が任命される。また各小隊の内部は、四名の小頭を含む、一組一〇名、全四組に細分された。士官・下士官としては、町兵嚮導役取締（小隊司令士）が五名、町兵嚮導役取締助（半隊司令士）が一五名、町兵嚮導役（左右嚮導押伍）が四五名おり、彼らに対しては苗字帯刀が許された。さらにその上には、人宿肝煎《ひとやどきもいり》（人入れ稼業の元締め）の中から町兵頭取五名が任命され、町兵に関する一切を請け負うものとされた。

給金は毎月支給されたほか、一部の積み立て分は五年の年季が明けた時に渡され、店の開業資金など本人が望む使途に当てることができた。月に二度許された下宿以外は部屋で生活することとされ、朝晩には点呼が行われることとなっていた（『都史紀要2　市中取締沿革』）。町兵は桔梗《ききょう》門の前の芝生広場に集められ、フランス式伝習を受けたという。訓練担当は歩兵差図役多田元吉らだった（『茶業開化』）。

鳥羽・伏見敗戦後、新政府軍の東征に対応すべく旧幕臣たちが開催した開成所会議＊においては、江戸府内の遊民を組織し、戦時に遊撃・築造・斥候《せっこう》・間者《かんじゃ》として利用しようという計画が提出されているが、それは町兵を前提にした提案だったのかもしれない。

町兵は、江戸っ子気質で威勢のいい町火消たちが多く応募していたこともあり、「敵来らば、未練なく討死し」「三百年の恩に報ゆべき」などと言い張っていた。彼らが前将軍慶喜の恭順姿勢に反するような動きを見せることを心配した旧幕臣関口隆吉《せきぐちたかよし》は、町兵解散に苦労したとされる（「黙斎随筆」）。

ただ、箱館戦争で降伏した旧幕府軍の名簿中に、元町兵だったという「東京庄助屋敷米商人金之助事」「内田辰五郎」なる人物が含まれていた例もあることから（「碧血の賦—秋田流亡箱館の降伏人たち—」）、個人的に脱走・抗戦を続けた者がいたらしい。

そもそも、幕府の場合も後述する諸藩の場合も、百姓からなる農兵と、町人からなる町兵とを、あえて分ける場合とそうでない場合があった。農兵と

＊開成所会議
慶応四年正月中旬、鳥羽・伏見敗戦後の対処策について議論するため、江戸城内で開催された旧幕臣と諸藩士らによる会議。柳河春三ら、幕府の洋学教育機関だった開成所の教授たちが有力メンバーだった。京都の新政府との対決を決議した。

呼ばれた中にも、宿場町や城下町といった市街地に住んだ町人が少なからず含まれたからである。むしろ両者が混在しているほうが一般的だった。巨大都市江戸の場合は特別だったといえる。

西国の幕府農兵

生野《いくの》代官管下の但馬《たじま》国の豪農商は、文久二年（一八六二）頃から農兵の組織化に着手、翌年十月に起きた生野の変では、敗退する浪士たちを農兵が追討した。ただし、それは代官の主導によるものとは違ったようである。

遠く九州の幕領、豊前《ぶぜん》・豊後《ぶんご》・日向《ひゅうが》・肥前《ひぜん》・肥後《ひご》・筑前《ちくぜん》にわたる約十六万石の支配を担当した西国郡代窪田治部右衛門《くぼたじぶえもん》*（鎮勝）も農兵取り立てに着手した。慶応元年（一八六五）六月、日田《ひた》の有力商人に一〇〇〇両ほどを献金させ、小銃五〇挺を購入、翌月には三〇名とそれを指揮する惣頭を選抜した。翌年には支配下全域からの募集を本格化させ、制勝組と称する部隊をつくった。

農兵希望者が続々と詰めかけたはよいが、百姓の中には袴のはき方や刀の

＊窪田治部右衛門
肥後国生まれの幕臣。諱は鎮勝。高橋泥舟・山岡鉄舟らと浪士取締役をつとめた。神奈川奉行支配定番頭取などを経て、慶応三年（一八六七）に最後の西国郡代に就任した。幕府瓦解後は静岡へ移住した。息子泉太郎（鎮章）は歩兵頭として鳥羽・伏見の戦いを指揮したが、戦死した。

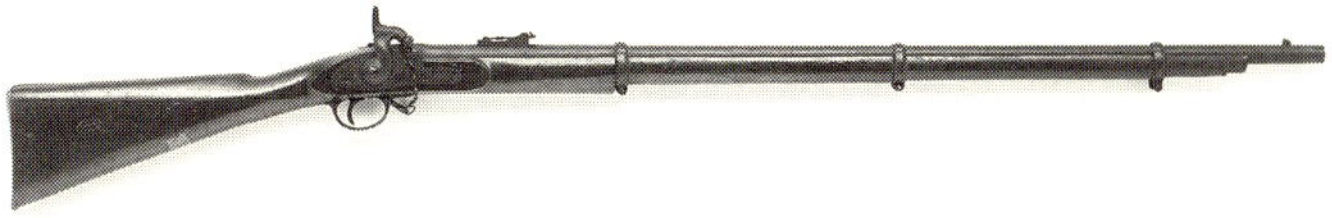

エンフィールド銃　国立歴史民俗博物館所蔵

差し方も知らない者がいるといった奇態で、以下のような川柳が詠まれたという（「大正十年十月九日例会に於て田尻佐君の日田の政治と文学に関する談話」）。

農兵の袴たゝみに嬶困《かか》る
農兵はおつ取刀を右にさし

制勝組の拠点は、日田にあった有名な私塾咸宜園《かんぎえん》*の中に置かれた。長崎で学んだ者が歩兵操練の教官をつとめた。窪田は慶応三年（一八六七）一月、制勝組が武功を挙げた際には士分に取り立ててほしいとの建白を幕府に行い、正規軍化を目指していた。制勝組には平の兵士のほか、頭取取締、同並、頭取、大砲方頭取、小隊司令士、散兵隊頭、押伍、嚮導などの役付が置かれ、文学教授方、銃隊教授方、剣術教授方、大砲火役教授方といった教授たちが訓練・教育を指導した。武術の

＊咸宜園
漢学者広瀬淡窓が豊後国日田郡堀田村（日田市）に開いた私塾。文化十四年（一八一七）から明治二十六年（一八九三）まで続き、一時は三〇〇〇人の門人を擁した。士農工商に広く開放され、大村益次郎らも門人の一人だった。

制勝組の隊長長信成　渡辺澄夫著『県史シリーズ44　大分県の歴史』（山川出版社）より転載　庄屋の子で、咸宜園に学んだ後、制勝組に入った。

みならず、文学の教育を実施した点は、先述した韮山代官の農兵教育とも相通じる。平士には長脇差が許され、役付には苗字帯刀が許可されたとされる。慶応三年（一八六七）十二月時点で二八〇〇ほどの兵力を擁し、エンフィールド銃*一二〇〇挺や仏蘭西形ボード大砲一二挺を配備していた。

第二次征長戦では小倉《こくら》口まで出陣したほか、鳥羽・伏見に前後し、慶応三年十二月から翌年正月にかけ、西国郡代が管轄した天草陣屋（肥後国）や四日市陣屋（豊前国）が討幕派によって襲撃された際、警備にあたっていた制勝組が防戦を余儀なくされるという事態も引き起こされている。

郡代窪田に対しては、その強権的な政治姿勢に対し薩長に与する近隣諸藩からも反発が生じていたらしく、慶応二年（一八六六）九月、豊後森藩士は薩摩藩士に対し、日田での農兵取り立てに乗じ、味方となる人材を農兵に潜

＊エンフィールド銃　一八五三年にイギリスで開発された前装式施条銃。射程一〇〇メートル足らずだったゲベール銃に対し、一〇倍もの距離を実現し、幕末に大量に輸入された結果、戊辰戦争では新政府軍の主力兵器となった。

り込ませ、「彼之農兵をして我之兵備となし候策」を採ることを表明している（『鹿児島県史料　玉里島津家史料　五』）。

九州では長崎代官に対しても幕府から農兵取り立てが求められていた。しかし同代官所では、元治元年（一八六四）八月に七三名の名簿を形式的に作成したほか、慶応三年（一八六七）三月に西国郡代のやり方を参考にした農兵取立仕法見込案を作成しただけで、実際の採用には踏み込まなかった（「兵賦・農兵問題に関する郡代・代官の対応」）。

倉敷代官が備中《びっちゅう》・讃岐《さぬき》・美《みま》作《さか》の一〇郡、六万二千石の支配地から、農兵取り立てを開

慶応3年（1867）12月　制勝組の編成

小隊（19組）		大砲（10組）		その他	
頭取	19人	頭取	10人	米金方	12人
司令	56人	兵士	100人	弾薬方	56人
押伍	59人			ラッパ太鼓	59人
嚮導	19人				
兵士	743人				

計　1,077人

「兵賦・農兵問題に関する郡代・代官の対応」より作成。
豊後国日田郡・玖珠郡、豊前国下毛郡のみ。

始したのは、慶応二年（一八六六）六月からだった。四月に起きた長州藩脱走兵による倉敷・浅尾陣屋襲撃事件*のショックを受けてのものである。領内のまとめ役であった惣代庄屋たちの指導下、各郡を単位に、総計で一二七〇人が編成された。征長戦争開始前に、陣屋の警備を固めるという意味もあった（『岡山県史　第九巻　近世Ⅳ』）。

美濃郡代岩田鍬三郎が支配した笠松陣屋では、天狗党の西上に際しては猟師・強壮者を集め警備にあたらせた。また、農兵のため陣屋内の西門際の空き地に稽古場を設置し、慶応三年（一八六七）からはその費用を郡中持ちとしたが、実際の取り立てまではいかず、維新を迎えたという（『笠松町史』上巻）。

飛騨郡代が農兵取り立てに踏み切ったのは、幕府瓦解後の慶応四年（一八六八）一月十日のことだった。手附・手代らを担当に命じ、村高千石につき二・五人の割合で、十六歳から六十歳までの強壮者を募った（『岐阜県史　通史編　近世上』）。

以上、韮山代官のそれを含め、幕府による農兵を通観すると、およそ統一性に欠けたものだったことがわかる。農兵取り立てが実施されなかった地域

＊倉敷・浅尾騒動
慶応二年（一八六六）四月、長州藩の第二奇兵隊を脱した立石孫一郎とその同志約一〇〇名が、幕府の倉敷代官所と総社の浅尾藩陣屋を襲撃した事件。第二次征長戦争が開始される前であり、対幕戦争の先駆けだった。

すらあった。全国に散らばる幕府直轄地には、多様な地域性があり、住民の特性もさまざまだったからであろう。江川家のカリスマ性は別格として、代官・郡代たちの個人差はあまり関係ないだろう。むしろ、各地の役所が領民に対し発揮できた統治力の違いこそが大きかったはずである。政情も不安定であり、幕府としては無理に画一的な政策をとることもなかった。明治政府が実施した徴兵制と比べたとき、その違いは一目瞭然である。

第二章 諸藩と旗本の農兵

海防のため

各藩による農兵の取り立てには、ペリー来航を頂点とする海防、文久期以降の内乱や攘夷戦争、それに誘発された藩の軍制改革、そして戊辰戦争など、幾つかの契機があった。以下、諸藩による代表的な農兵について紹介してみよう。

北方のロシアからの危機に備える必要があった盛岡藩では、農兵という呼び名はなかったものの、海岸への猟夫の配備を寛政期から開始し、文化五年(一八〇八)にはそれを制度化している(『幕末海防史の研究』)。

幕府が無二念打払令*を発布したのと同じ文政八年(一八二五)、水戸藩では郷足軽という名の海防要員を農民から取り立てた。藩主水野忠邦が主導し、天

＊無二念打払令
文政八年(一八二五)に幕府が発した、日本に近づく外国船を容赦なく打ち払えとの命令。天保十三年(一八四二)に薪水給与令が発せられ、廃止された。

保末から弘化期にかけて行われた浜松藩の農兵採用は、やはり早い時期での取り組みであり、江川坦庵の海防上書の影響を受けたらしい。

　嘉永三年（一八五〇）、紀州の豪商菊池海荘《きくちかいそう》*は和歌山藩に対し、農兵取り立てを含む海防策を建議した。和歌山藩では、立藩以来存在した、海岸防備のため住民を動員する浦組という制度について、嘉永期からは再編強化する方向へ向かった。名古屋藩が、陣屋警備を目的に文政期から配置されていた非常守（陣屋守）に加え、海岸守という農兵組織を新設したのも嘉永期のことだった（『近世の軍事・軍団と郷士たち』）。

松波隊の陣太鼓　米子市教育委員会所蔵

　海防目的としては、安政元年（一八五四）から翌年にかけ、水戸藩では改めて農兵取り立てを開始し、特に沿岸の村々では「海岸壮丁」が徴集された（『茨城県史　近世編』）。同年九月には土佐藩でも「民兵定」を制定し、「海岸便利の土地」で十七歳から五十

＊**菊池海荘**（一七九九～一八八一）通称は孫左衛門。紀伊国有田郡の人。家業の砂糖問屋を継ぎ、窮民救済や海防に尽力した。和歌山藩から有田・日高二郡の文武総裁を任じられ、農兵を取り立て、維新後も殖産・教育政策に携わった。

歳までの庶民から募兵している（『高知市史』上巻）。安政二年（一八五五）、伯耆国汗入《あせり》郡今津村（現・鳥取県米子市）の大庄屋松波徹翁《まつなみてつおう》＊が、近郷の農民五〇名を募り、農兵隊を結成した例も早い。松波は自費で台場を建造したほか、文久三年（一八六三）にはライフル銃まで装備した。松波の農兵隊は、領民側の自発性によって生まれたものだったが、やがて鳥取藩に組み入れられ、第二次征長戦や戊辰戦争にも従軍することとなった（『因州兵の戊辰戦争』）。

また、幕府の命により安政二年（一八五五）から三浦半島の警備に動員された長州藩が、翌年、現地において約二〇〇人の農兵を動員しようとしたものの、実現には至らなかったという例もあった。長州藩では、「海岸防禦」「沿岸異変」「異船渡来」「外寇」といった事態に対応すべく、自藩での農兵取り立てにも乗り出し、安政六年（一八五九）八月から九月にかけ、郷村支配の単位である宰判《さいばん》＊の代官からその方法について意見を聴取した。吉田宰判では従来からの二〇人に加え、新規に六〇人の農兵を取り立て小銃の稽古をさせること、有事の際は在郷の諸士六名をその指揮役とすることなどを答申した。

奥阿武《おくあぶ》宰判では、領内には二九七人ほどの鉄砲持ちがいるとしつつ、妻

＊松波徹翁
（一八一五～八四）通称は六郎兵衛。伯耆国汗入郡今津村の大庄屋。鳥取藩に献金して郷士となり、近郷の子弟からなる松波隊を結成、文久二年（一八六二）に台場を築造するなど、海防に貢献した。征長戦や戊辰戦争にも従軍した。

＊宰判
長州藩が領内の郷村支配のために設定した単位で、代官が管轄する地域だった。先大津、前大津、吉田、舟木、浜崎、美祢、小郡、山口、当島、奥阿武、徳地、三田尻、熊毛、都濃、大島、前山代、奥山代、上関などがあった。

子・家財を異人から必死に守ろうとする海辺の住民とは違い、海から離れた地域は人口も少ないので、農業の妨げになるという理由から農兵取り立てに消極的な返答を寄せた。当島《とうじま》宰判は、かねてから六〇人余の猟師に春秋二回の打ち方稽古を命じているほか、緊急時には十八歳から五十歳までの壮健者約六〇〇人に鉄砲・斧・鎌・竹槍などを持たせ、地下役の者が率いて出動することになっていると回答した。熊毛宰判では、従来からの四五人に加え、三〇人ほどの農兵を増員して在住の諸士に付属させ、竹槍・猟筒などを持たせ、農閑期に毎月二回の稽古、春秋の「玉打」を実施する、有事には兵粮倉庫の警衛に当たらせるといった方針を述べた。大島宰判では、各

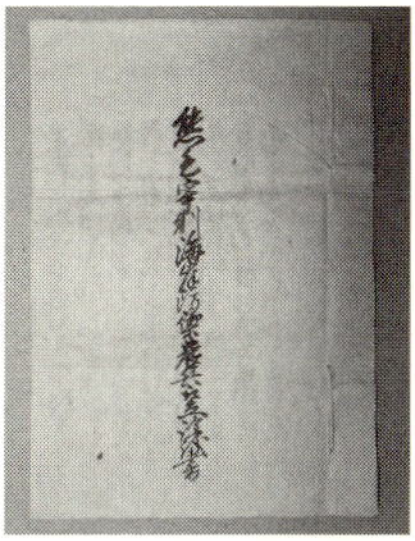

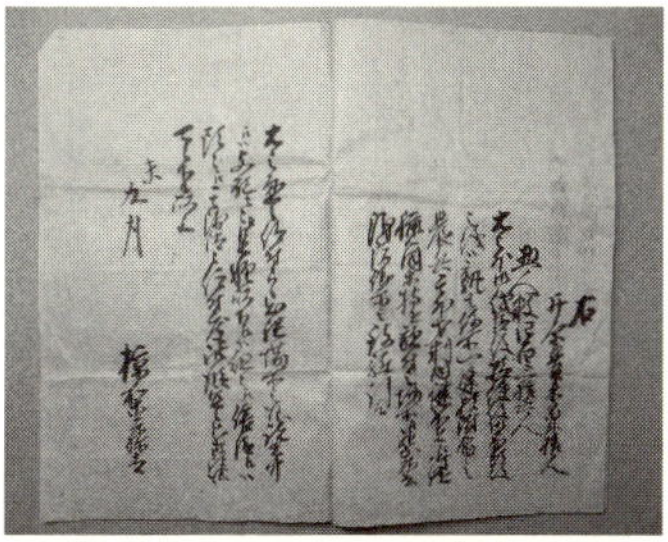

長州藩の熊毛宰判海岸防禦農兵取立詮議書　国立歴史民俗博物館所蔵　安政6年(1859) 9月、代官椋梨藤太が提出したもの。同藩の軍制改革を担当した来原良蔵(木戸孝允の義弟)が残した資料のひとつ。

地に農兵五〇人ずつを配置し、笠・法被《はっぴ》・長脇差・竹槍・斧・鎌などを持たせるものの、農業専一なので砲術稽古はさせない、夷人上陸の際は米蔵警衛や海辺警固などに従事させる、萩からの指令を待つには遠いので臨機応変に対処するといったことを上申した（以上、国立歴史民俗博物館所蔵の木戸孝允文書による）。

文久三年（一八六三）四月、掛川藩では上層農民に苗字帯刀を許し、文武の教育をほどこすということで、知方組という名の農兵を組織した。しかし、農民たちは万が一戦争になった場合、「一命ヲ差出し候筋ニ付迷惑」として、なかなか勧誘に応じなかった。同藩では慶応三年（一八六七）七月頃、農兵の取り立てを開始したが、それは以前上手くいかなかった知方組とは別方法で立ち上げたものだったらしい（『掛川市史』中巻）。藩の郡奉行が上層農民に対し参加を求めた知方組に対し、新たな農兵は、より零細な下層農民を徴集したものだったとされる（『静岡県史　通史編4近世二』）。

福井藩では文久二年に農兵四大隊・六四〇人を取り立て、元治元年（一八六四）の禁門の変では実戦に投入、死傷者も出したものの、実用には適さないとしていったん農兵を廃止した。ところが、同年十一月にはまたまた方針転換し、再び新たな農兵が取り立てられることとなり、一〇〇〇人規模の編成が目標化された（『福井市史　通史編2　近世』）。制度の定着まではさまざまな試行錯誤があったことがうかがわれる。

昭和期に首相になった海軍大将岡田啓介の父喜藤太は福井藩士だったが、戊辰戦争の頃は農兵指揮役の任にあり、各地に出張していたという（『岡田啓介回顧録』）。福井藩の公的記録からも、彼が文久二年に農兵の教授方に任命され、以後も農兵差配役をつとめたことが裏付けられる（『福井藩士履歴2　お～く』）。

攘夷と内乱を背景に

文久三年（一八六三）八月に起きた天誅組の乱*は、その追討に加わった和歌山藩に衝撃を与え、以前からあった北畠道龍《きたばたけどうりゅう》*による士庶混成の法福寺隊や、津田楠左衛門ら有志による農兵結成の動きを統制すべく、元治元年（一八六四）八月、藩命による農兵の組織化が開始され、津田が農兵惣裁に任命されている（『和歌山市史　第2巻　近世』）。

＊天誅組の乱
文久三年（一八六三）八月、土佐脱藩士吉村寅太郎ら尊攘激派の脱藩士らが、公卿中山忠光を擁して大和国で挙兵し、幕府の五条代官鈴木源内を殺害した。諸藩の追討により、翌月壊滅した。

＊北畠道龍
（一八二〇～一九〇七）
紀伊国海部郡和歌浦（和歌山市）の法福寺の僧侶。武術に長じ、全国を遍歴した。士農混成の法福寺隊を結成し、天誅組討伐や長州征討に加わった。維新後も和歌山藩の軍制改革などに携わった。

藩の意志にもかかわらず、農兵を実現できなかった例もある。久留米藩では、文久三年（一八六三）に農兵取り立てが計画されたものの、村内における身分秩序の変化を嫌う庄屋・長百姓層の立場を重視した大庄屋案と、戦力確保が第一で村内秩序の維持を軽視した藩の郡方案との間で一致点を見い出すことができなかった。結局、同藩が殉国隊という名の農兵を組織できたのは維新後の明治二年（一八六九）のことだった（『久留米市史』第2巻・第3巻）。

武州世直し一揆後、韮山代官農兵の有効性を知った川越藩では、慶応二年（一八六六）、農兵取り立てを計画したが、負担増大を望まない村々の反対運動が激化し、頓挫した。一揆抑制のための農兵計画が、新たな一揆を誘発したのである。

小倉藩では文久三年（一八六三）三月に農兵徴募を発令し、苗字帯刀と三ツ割羽織小袴の着用を許可するとの特典を与えたところ、一四五七人を確保することに成功した。ところが、幕府役人の警固や藩幹部への随行など、足軽同様に使役されることから、農事を優先したい農民たちの間に反発が生じ、元治元年（一八六四）七月には豊前国企救《きく》郡の農兵たちはこれ以上の酷使はやめてほしいと嘆願するに至った。征長戦時、最前線である同藩では、農兵が実戦へ投入される危険性が高まった。戦死者が出た場合の補償について藩に問い合せても返事がなく、逆に叱責される始末であり、大庄屋たちは出征する農兵たちへの餞別や戦死者遺族への補償方法などを独自に決定した。訓練のため各地に設けられた講武所にも農兵はあまり集まらなかった（『北九州市史　近世』）。たとえ農兵制が実現したとしても、その扱いによっては非常に消極的な態度が見られたのである。

一方、目の前の対外危機が、武士と庶民の共通認識にまで高まった場合、それは農兵実現の原動力となった。

文久三年（一八六三）五月、鳥取藩では幕府の攘夷決行決定を受け、民兵一五〇〇人の取り立てを決め、浜坂・鹿野《しかの》・境の三か所への配置を計画した。さらに第二次征長戦争に際し、先述の松波隊が石州口の撤退戦で活躍したのを受け、慶応二年（一八六六）十一月から本格的に農兵取り立てを開始した。やがて民兵・農兵は「歩兵」という呼称に統一され、藩の軍制に組み込まれていった（「幕末維新期の「農兵」と軍事動員」）。

元治元年（一八六四）六月のイギリス船の姫島停泊事件が契機となり、翌月、豊後国の府内藩では農兵募集を開始した。二十歳から四十歳までを対象に、一代限りの長脇差を許可し、宗門人別帳は別帳とするなど、身分上の特典を与えた（『シリーズ藩物語　府内藩』）。

真忠組*や天狗党の騒乱を経験した下総国の佐倉藩では、慶応二年（一八六六）、非常時の城固めなどを目的に郷兵を新設、翌年には三〇〇名近くを擁し、歩騎砲の三兵などで構成された正規軍とともに藩の軍事力の中に位置づけた（『佐倉市史』巻二）。

岡山藩では、慶応二年（一八六六）四月の倉敷・浅尾騒動で藩兵が機能しなかったことを反省し、各種民兵隊を新設した。農民から成る耕戦隊、町人から成る雷撃隊、神官から成る社軍隊である。耕戦隊は地主・村役人層の子弟を中心に募集されたものだった（『岡山県史　第九巻　近世Ⅳ』）。

金沢藩では、文久三年（一八六三）二月、年齢が十七歳から三十歳位まで、身長が五尺以上という条件、そして村方・町方から五〇人のうち二・三人という割合で、銃卒を取り立てる制度を創始した。加賀の二か所、能登の一三か所、越中の九か所、計二四か所で訓練を実施した。この例は、藩の正規軍の中に歩兵部隊を新設するという、軍制改革に沿ったものだった。銃卒は戊辰の北越戦争にも従軍したが、明治三年（一八七〇）に廃止された（『金沢市史

＊真忠組の乱
文久三年（一八六三）十二月から翌年正月まで上総国の九十九里浜地域で続いた、天狗党の影響を受けた尊攘派浪士と民衆による暴動。豪農・豪商から奪った金銭を貧民に配布するなどの行為を働いたが、周辺諸藩の追捕を受け壊滅した。

通史編2近世』)。

大大名に仕えた高禄の家臣(徳川将軍から見れば陪臣《ばいしん》)の中には、自分の領地で独自に農兵を採用する例があった。たとえば長州藩士浦家では、すでに安政期には瀬戸内海に面した自領において農兵を取り立てていたが、慶応元年(一八六五)になると、長州藩全体の軍制改革の中で、浦家のそれは、士分からなる小隊、足軽・中間からなる小隊、農兵からなる小隊という、三個小隊の銃隊編成となった。農兵は、旧来の家臣団と同列の正規軍として位置づけられるに至ったのである(「幕末萩藩における給領取立農兵」)。

戊辰戦争を戦う

実際に戦闘に投入する大きな兵力が必要となった戊辰戦争では、正規兵を補うべく新たに農兵が募集された。あるいは出征した藩兵に代わり、藩地の留守を守るべき役割のため農兵が集められた例もある。

鳥取藩では派兵した銃隊八小隊八〇〇名のうち、二小隊が農兵であり、丹波国の山国隊もその一隊だった。同隊の内部では、平時における差別がもとで名主クラスとその従者との間で対立が生じたが、従軍の過程で対等化していった（『山国隊』）。慶応四年二月には新たな徴募が行われ、新国隊という農兵が組織された。凱旋した農兵は、いったんは許可された苗字帯刀が禁止され、士族への編入も認められなかったことから、不満が生じた（『県史31 鳥取県の歴史』）。

岡山藩では森下景端《もりしたかげなお》＊（立太郎）が引率し、二一三名の農兵を関東・奥州まで従軍させたが、耕戦隊の中には他国へ出かけることを拒否した者もいた。帰郷した生還者は郷士の家格や恩典としての扶持米を与えられた。

土佐藩で戊辰戦争を戦った中心的な部隊は迅衝隊《じんしょうたい》であるが、それは郷士・庄屋・地下浪人・足軽や、先述した民兵の構成員を含み込んだ混合部隊であり（『土佐藩戊辰戦争資料集成』）、民兵だけが単独の部隊として出征することはなかった。維新後になると、明治二年（一八六九）十一月、民兵は郷兵と改められ、郡毎に箕星隊・壁星隊・翼星隊・軫星隊などと命名され、再編されている（『高知市史』上巻）。

右に紹介した例からもわかる通り、海防目的の段階から、戊辰戦争期にいたる十年以上の時間の経過の中で、農兵という存在は大きく変化した。一部

＊森下景端
（一八二四～九一）
通称は立太郎。岡山藩士。農兵（耕戦隊）を率いて戊辰戦争に従軍、関東・東北を転戦した。維新後は岡山藩権大参事となり、その後、大分県令をつとめた。退官後は黒住教副管長に就任した。

の藩の農兵は、素朴な郷土防衛を意識したものから、自村はもとより自藩の領外にまで出かけていくような、完全なる外征部隊へと進化したのである。先に登場した以外にも名古屋藩の磅礴隊《ほうはくたい》・草薙隊《くさなぎたい》など、特に新政府軍に加わり戊辰戦争に参戦した例がそれである。

新政府軍による攻撃の矢面に立った会津藩では、慶応四年（一八六八）三月、全藩的な軍制改革の中で農兵を設置した。二十歳から四十歳までの身体壮健者二七〇〇名を募集、四郡各組毎に代官らの指揮下に置いた。職業別に、猟師隊・力士隊・修験隊も結成された。八月に入ると、絶望的な戦況の下、百石の禄米支給と独礼という家格を与えることを条件に、さらに町在から決死隊ともいうべき有志を募り、敢死隊と名付け、戦闘に参加させた（『会津戊辰戦史』）。

米沢藩で一〇〇〇人の農兵が取り立てら

岡山藩農兵隊の旗　森下立昭氏所蔵　岡山県立博物館提供

れたのは慶応四年（一八六八）五月、庄内藩で農兵一六四五名、町兵五七〇名が取り立てられたのも同じ頃だった。

仙台藩では、新政府軍の来襲に備え、慶応四年七月、折衝隊という名の農兵を取り立て、領民一八〇〇名を組織した。戦況悪化の中、前線に投入され、戦死した者も出た。隊員以外でも、領民の長男は全員、武器持参で召集されるという、総動員態勢がとられた。同藩内では、浄土真宗の僧侶たちによる貫山隊という部隊もつくられ、住民が一丸となっての抗戦が目指された（『仙台市史　通史編5』）。

諸藩の農兵には、その性格や形態にさまざまな違いが見られた。戊辰戦争に参加した農兵であっても、新政府軍に参加した西国諸藩のそれが敵地へ攻め込むことを目的としたものへ変化したのに対し、迎え撃つ反政府側に立った東北諸藩のそれは専守防衛の組織にとどまった点はいうまでもない。装備の面でも最新の輸入銃砲を揃えた新政府軍と、そうではない反政府・奥羽越列藩同盟側には大きな落差があったはずである。可能性としては、東西の農兵同士が相打つ場面も想定された。にわか仕立ての庄内藩の農兵は、戦場では逃げ腰で役立たなかったとされる一方、敵地の村を焼き払うなど思わぬ戦いぶりを示す者もおり、それは農民同士が加害者・被害者になりえたというある種の残酷さを意味した（『百姓たちの幕末維新』）。

「賊軍」となった庄内藩には、慶応四年（一八六八）四月から九月にかけて戦死した農兵・町兵が六十余名いた。一方、「官軍」となった秋田藩の戦死者の中にも農兵が数名含まれたが、彼らは後に靖国神社に祀られた（『幕末維新全殉難者名鑑Ⅱ』）。

先鋭的で独自の路線をとった西国の外様大名などとは違い、譜代の中小藩は比較的「のんびり」していた。しかし、全国規模の内乱に発展した戊辰戦争は、政治的・軍事的に後衛の位置にあったそれらの藩にさえ、それまで必要性を感じていなかった農兵を新設させる結果をもたらした。たとえば、かつて江川坦庵から伊豆の海防にとって当てにならないとされ、韮山代官農兵取り立ての理由の一端とされた小田原藩・沼津藩もそうである。

小田原藩では、先述した薩邸脱出浪士の捕縛時に果たした韮山代官農兵の役割に影響されたらしく、慶応四年（一八六八）二月、にわかに農兵取り立てを決定し、軍服・脇差を貸与し、五石の年貢・諸役を免除するといった条件で十七歳から三十五歳までの者三八〇人を集め、大隊を編成した（『小田原

市史　通史編　近世』)。

また、駿河国の譜代藩である沼津藩では、慶応四年(一八六八)正月から三月頃にかけ、領内の治安維持を目的に村々に非常組という名の自警団をつくらせ、まもなくそれを常整隊という名の農兵へと発展させた。当初、浮浪人・夜盗・博徒などの横行から村々を守ることが目的だったものが、新政府軍の東征が開始された段階では、他国へ出兵した藩兵に代わって、実際に城下の市中巡邏や城門警備を担当することとなったのである。応急の組織ではあっても、村落の秩序を乱すようなデタラメさはなく、豪農・名主クラスを含む身元の確かな者が選任された。隊員になったことは後年になっても名誉なことと意識されたようで、村長や郡会議員をつとめた加藤喜一郎のように、漢文で経歴を彫った墓誌にわざわざ「明治元年加水藩常整隊列員」との一文を加

加藤喜一郎の墓誌（静岡県沼津市・光長寺）

先徳院梅鵝日喜居士　翁姓加藤称幼名勇次郎父丈助母利勢子天保十一年十月十日生於金岡村岡宮幼而至孝年甫八歳就持田久六翁講究読書習字後入馬門先生之塾勉学業成畢従事実業平素好俳句遊水藩壺中庵之門称梅香庵後改梅之本又号梅鵝文久二年娶下香貫桃郷矢崎彦八長女武良子慶応二年継家政而改称喜一郎翁為人明敏闊達当事勇往敢為秉正不敢遅疑画策貢献頗多明治元年加水藩常整隊列員八年任地租改正係十二年以降村会議員町村連合会議員常設委員学務委員等再選数回三十六年十月当選駿東郡会議員三十八年六月金岡村長歴任公私之職時恰日露役拮据黽勉有不績三十九年四月自日本赤十字社受木杯又以日露役之功叙勲八等賜白色桐葉章後譲家政於養嗣子而閉居寄心於花月以俳道為楽

銘曰　芙蓉之雪　千本之翠　翁之風丰　山高水潤

大正十四年五月　男誉次郎建之

えた者もあった（『近世・近代ぬまづの俳人たち』）。それは表6で見た韮山代官農兵の例とまったく同じである。

旗本の農兵

農兵を設けない藩があった一方、より小規模な領主である旗本ですら独自の農兵制を採用した場合があった。幕府は、後述するように、兵賦として旗本領からも農民を江戸に徴集したのであるが、旗本自身の領内に配備する農兵の取り立てについて命じたことはなかった。旗本による農兵取り立ては自主的なものだったといえる。

駿河・三河で二千石を領した旗本日向氏は、慶応二年（一八六六）に農兵を取り立てたが、その際、日向領の駿河国富士郡平垣《へいがき》村（現・富士市）の豪農松永晴太郎は、以前から韮山代官管下の農兵訓練に自主参加していたため、その知識・技能を買われ教官となり、壮丁二〇人ほどからなる半小隊の訓練を担当した（『岳陽名士伝』）。また、幕府瓦解後の慶応四年（一八六八）三月、領主日向小伝太が采地に土着した際には、その家臣を併せて一小隊を編成し、練兵も担当したことから、褒美として麻裃と白銀二枚を賜ったという（『静岡県現住者人物一覧』）。これは、韮山代官の農兵が近隣の他領へ与えた影響のひとつである。

武蔵国多摩郡小野路《おのじ》村（現・東京都町田市）では、領主である旗本山口直邦（采女《うねめ》・近江守）が、江川坦庵と並ぶ高島秋帆門下の西洋砲術家元祖である下《しも》曽根《そね》信敦《のぶあつ》に学び、幕府の講武所砲術師範役をつとめた人だったことから、慶応元年（一八六五）、農民に砲術稽古が申し付けられ、農兵隊が組織された。翌年七月時点で、剣法方・槍隊や小荷駄・貝・太鼓などを含みつつ、主として銃隊からなる六〇名を擁した（『町田市史』上巻）。隊長になった小島鹿之助＊は、村の名主であり、また天然理心流の剣術を身に付け、新選組の近藤勇・土方歳三たちと極めて親しい間柄だった。

幕府からの要請ではなく、戊辰戦争時に新政府に協力するために農兵を採用し、差し出した旗本もいた。近江国に采地を有した高木伊勢守・松平鏗之助・和田伝十郎・篠山吉之助・篠山金次郎ら五名の旗本は、慶応四年二月、農兵の中から有志四〇名を錦旗のもとに馳せ参じさせたいと、共同して新政府に願い出た（国立公文書館所蔵「公文録」）。ただし、この動きは主である旗本

＊小島鹿之助（一八三〇〜一九〇〇）諱は為政。武蔵国多摩郡小野路村（町田市）の豪農で、寄場名主をつとめた。天然理心流を学び、新選組を支援した。日野宿名主佐藤彦五郎とは義兄弟の間柄だった。小野路村農兵を率い甲陽鎮撫隊に呼応しようとしたが、果たせなかった。

側からではなく、地方《じかた》取締などをつとめた近江の領民たちの中から出てきたものと考えられ、勤王の志を抱いた農民の側からする自発的行為であった。後述する、甲賀郡の郷士たちによる甲賀隊の結成と関連する可能性もある。

また、勤王を誓い上京した、大和国などで千二百石を領した旗本村越三十郎は、慶応四年五月、采地である大和国十市郡十市《とい ち》村（現・奈良県橿原市）での農兵取り立てと稽古の開始を新政府に願い出ている（国立公文書館所蔵「公文録」）。

慶応四年（一八六八）正月六日、伊豆に所領を持つ旗本七名に対し、「農兵等為取建土着」が旧幕府から指示され、「一国一致堅実之守備」を立てるようにとの命令が下された（『新訂増補国史大系第五十二巻　続徳川実紀　第五篇』）。伊豆に采地を有した旗本は他にも多数いたので、たとえば同月下旬、間宮虎之助に対しても、「伊豆国為御警衛、土着被仰付候間、速ニ農兵取建、諸家領分村々幷小給所村々共御警衛筋ニ付而者最寄土着被仰付候面々幷江川太郎左衛門申合差配致し、一国一致堅実之守備相建候様可被致、尤間部美作守小堀主殿義も同様被仰付候間、可被申合候、委細之義者御勘定奉行可被承合候」（平野勝禮関係文書）といった、同様の指令が発せられている。すなわち、

表11　慶応４年４月三島宿に出兵した旗本松下加兵衛の手勢

家臣	平岡多三郎　中野栄治　野口兎一郎　野口喜源治　中野幸助　筧鉞次郎　片山三十郎　田中繁治　布川良蔵　横山信司郎　横山鋳之助　平岡房吉　中野豊三郎　市橋国蔵　横山鉄之助　片山七之助　鈴木兵三郎　関竹次郎　藍沢誠之助　田中平治　大河原時三郎　伊藤鉦司　武智功之助　早川小源太　鹿地常次郎　小林松之丞　斎藤清左衛門　鈴木龍之助　松本大五郎　中村栄之進　遠藤嘉七郎　中山吉三郎　岩瀬治左衛門　小出政次郎　小林栄吉
農兵	【柏久保村】庄兵衛(森姓)　弥兵衛(山口姓)　新助(山田姓)　利之助(菊田姓)　武右衛門(管田姓)　仁左衛門(山口姓)　惣兵衛(三田姓)　孫左衛門(三田姓)　猪三郎(森姓)　勘助(渡辺姓)　長兵衛(雨宮姓)　吉蔵(山田姓)　【大野村】半次郎(木村姓)　円蔵(菊地姓)　豊吉(白井姓)　新蔵(加藤姓)　小太郎(星野姓)　次郎吉(小川姓)　清助(小川姓)　清吉(三田姓)　利右衛門(田村姓)　【牧之郷村】清左衛門(内田姓)　良助(飯田姓)　久左衛門(鈴木姓)　【村名・姓不明】金左衛門　伊三郎　勘兵衛　幸吉　吉蔵　久左衛門　千右衛門　五郎左衛門　源吉　助次郎　小四郎　庄左衛門　健次郎

「慶応戊辰箱根戦争始末」(牧之郷飯田家文書)、「明治維新における松下加兵衛重光」より作成

近隣に先に土着した者や新たに土着することになった間部・小堀といった旗本たち、あるいは韮山代官江川英武とも連携しながら農兵を取り立て、伊豆全体の警衛につとめよというのである。

同時期、伊豆以外の旗本に対しても同様の指令が出されており、たとえば奥詰銃隊三枝中務は、二月十五日、知行所がある下総国相馬郡への土着と農兵取り立てを命じられ、布佐《ふさ》陣屋詰の勘定奉行並在方掛岡田忠

養（安房守）と連携すべしとも指示されている（平野勝禮関係文書）。

先に命じられた七名の一人、三千石の旗本松下加兵衛重光は、慶応四年（一八六八）二月、知行所がある伊豆国田方郡牧《まき》之《の》郷《ごう》村（現・伊豆市）に土着したが、先祖以来の由緒・親交がある土佐藩主山内氏からの助言により、いち早く新政府に帰順した。そして三月、東海道を江戸へ向け進撃する東征軍に協力すべく、牧之郷村以下三か村から二五名の農兵を急ぎ徴募し、訓練を開始、三島宿の警衛などに従事した。表11が松下勢の内訳である。旧幕府から命じられた農兵取り立てが、皮肉にも討幕戦争に使用されることとなっ

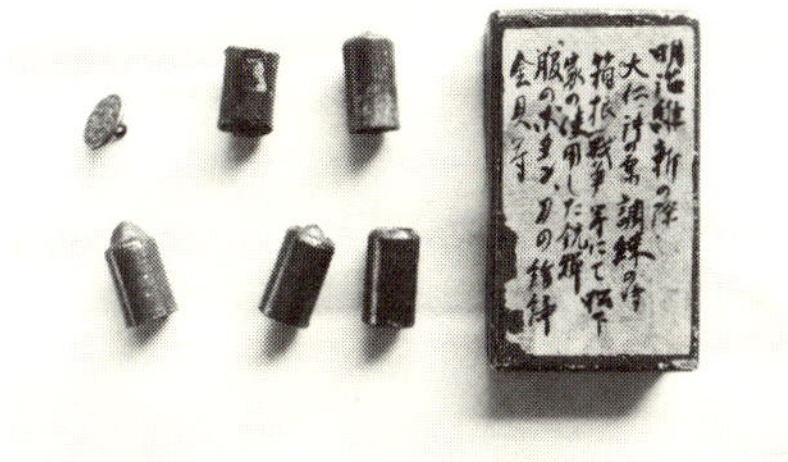

松下家農兵が使用した鉄砲の弾丸　個人蔵

旗本松下家の「農兵方諸用留」
個人蔵　慶応4年（1868）3月牧之郷村の名主飯田氏が書き留めたもの。

世古直道　個人蔵　三島宿の農兵世話掛をつとめた。

たのである。五月に発生した、旧幕府の脱走軍、遊撃隊が引き起こした箱根戦争では、新政府軍として戦い、八名の戦死者を出した（『松下加兵衛と豊臣秀吉』）。

五月二十一日に松下の兵は、韮山代官所三島宿農兵のリーダー格だった農兵世話掛世古直道（六之助）を一時拘束した。新政府軍滞在中にもあえて農兵調練を行うなど、世古が佐幕派に加担するような気配を見せたからだとされる（『三島市誌』中巻）。

旗本松下家が四月に三島宿に派遣し、六月に帰郷させた農兵として、苗字が記されない名前だけの者、三一名が記録されている（飯田家文書「慶応戊辰箱根戦争始末」）。先の戦死者八名には姓名が記されているので、命を落としたのは農兵ではなく、江戸から来た松下家の家臣だったのであろう。

同じく伊豆に土着していた旗本原田熊太郎は、遊撃隊騒動に際し、領民である四日町村（現・伊豆の国市）の豪農小川弥右衛門に「後事を託し」、自身はいち早く伊東に逃げ出してしまった。そこで小川が代わって「土兵」を募り、三島・箱根へ出動したという（『静岡県現住者人物一覧』）。

松下・原田家と同様、伊豆に領地を有し、箱根戦争でも新政府軍に参加して戦った旗本河野藤左衛門は、従軍させた農兵七名について、明治二年（一八六九）政府に対し、「二代以下抱家来農兵」という名目、すなわち二代以上続く譜代ではないが自分の家来であるとして、経済的な扶助を求めている（東京都公文書館所蔵「士族家来御扶助願」）。河野は前年五月、寺家《じけ》村（現・伊豆の国市）の百姓五名を動員した際、万が一戦死した際の補償方法について提示するとともに、「非常御用意のため御人数へ御差加へ相成候ニ付苗字帯刀御免御中小姓格被仰付之」（「幕末に於ける伊豆関係史料」）との辞令を発給したが、その文面に「農兵」という言葉はなかった。緊急時のためか、家来と農兵との違いをあまり意識しなかったのかもしれない。

一方、海防が主たる目的だった時期にも、旗本の領民の中には、上からの強制ではなく自ら武装化を志願する動きが見られた。文久二年（一八六二）

二月、領主である旗本本多対馬に対し、異国船襲来などの節には大名のみならず小領主である旗本も防戦に加勢しなければならないと思われるので、われわれ百姓も農間に「火砲・剣道之心掛け致」すようにし、万が一の時に少しでもお役に立ちたいと建白した、伊豆国賀茂郡和田村（現・伊東市）の下田米作のような例である（『伊東市史　本編』）。危機感を容易に可視化できる海岸線に住む住民だったからであろう。

伊勢神宮の農兵

一風変わったところで、幕府や藩、旗本でもない、神社が採用した農兵も存在した。伊勢神宮が文久三年（一八六三）九月に取り立てたものである。津藩によって献納された鉄砲一〇〇挺を活用すべく、神領の村々から農民を集め、万が一の外国船襲来の際に備えようとしたわけである。ちょうど朝廷から神宮に派遣されていた勅使河鰭公述《かわばたきんあきら》・橋本実梁《はしもとさねやな》が津藩の建白を受け、その実施を決めた。大宮司が農兵の総督をつとめ、内宮《ないくう》・外宮《げくう》それぞれに二名ずつの小銃組頭を置き、さらにその下には小頭を各一〇名置き、組下の者、つまり兵卒四〇名ずつを統率させるという指揮系統だった。

月三回の稽古を実施し、農兵たちも一刀を帯びることが許可された。訓練は津藩の陣屋で行われており、実際には同藩の指導を受けたと考えられる。

ちなみに津藩では、元治元年時点で、撒隊・撒兵・郷士組・嚮導組・地雷火守護兵・近郷御手当組・大砲組加人農兵・大砲方郷予備兵・農兵といった、領民から徴募した諸部隊が置かれていた（『三重県史　資料編　近世4（下）』）。

西洋列強の脅威に敏感になった朝廷や幕府の憂慮は、伊勢神宮に関しては杞憂に終わった。神宮に兵火が及ぶようなことはなく、農兵の出動はなかった。

第三章

農兵に類似した存在

兵賦と歩兵

幕末以前、近世の前期からも農民に鉄砲を持たせる政策があった。それは害獣駆除などに目的を限り猟師らに鉄砲所持を許し、万が一の緊急時には藩が臨時の足軽、すなわち補助的な武装要員として動員するというしくみを兼ねたものだった。佐倉藩の郷同心、小田原藩の村足軽、荻野山中藩の郷足軽、沼津藩の郷筒（郷組）、小島藩の鉄砲稽古人いった存在がそれに当たる。これらは、藩内で正規の家臣団に含められるタイプの郷士に対し、「在郷足軽型郷士」と分類され（『近世の軍事・軍団と郷士たち』）、年季で雇用された足軽・中間《ちゅうげん》・小者《こもの》といった武家奉公人と同じく、階層的にも幕末の農兵とは一線を画すべきものである。

幕末、幕府の軍事組織には、同じ百姓・町人を構成員としたものでありながら、「兵賦《へいふ》」という全く別の存在があった。先述したように、広義の農兵といってもよいのであるが、地域に密着した狭義の農兵とは違い、幕府が直轄軍の兵卒とすべく江戸に集めたものである。文久二年（一八六二）十二月、旗本に対し所領の多寡に応じた人数を差し出させ、総計で六四〇〇〇人規模を徴兵する計画が打ち出された。それが兵賦と呼ばれたものである。また、慶応元年（一八六五）五月からは幕府直轄地での徴募も開始され、千石に一名という基準で選ばれた彼らは、御料所*兵賦（御料兵）と呼ばれ、やはり江戸で銃隊に編成された。

幕府陸軍の歩兵　『江戸文化』第3巻第2号所載

御料所兵賦で集められた者たちは、訓練を担当した大鳥圭介の言によれば、「神奈川とか、八王子とか、藤沢とか云ふ所から、町家農家の二三男の者を呼出して、夫れに調練させたが、随分良い兵で、

*御料所　江戸幕府の直轄領。御料、御領、天領ともいう。全国に散在し、合計では四〇〇万石に達した。

強くはないが確かな家の息子や弟であるから、身持抔善かつた」(『大島圭介伝』)という。

しかし、助郷の過重さや遠隔地であること、あるいはすでに開始されていた農兵取り立てと二重の負担となることなどを理由に、韮山代官支配地をはじめ、全国の幕領では兵賦に対する反発の動きが一斉に起こった。

さらに、このような集め方では、旗本の家臣、旗本知行所の農民、金銭で雇われた者などが混在し、兵士としての均質性がとれず、また村々では徴兵によって人手を取られることを忌避したため、慶応三年(一八六七)一月になると兵賦は金納化され、結果、実際には宿村から人は駆り出されず、金銭で雇われた者ばかりが兵卒を構成することとなった(「幕末維新期の軍事と徴兵」)。金で集められた兵士、特に幕府陸軍の歩兵の多くは、農村から流入し都市にあふれた無産者たちであり、いわば傭兵だった。彼らは士官・下士官をつとめる幕臣たちの下で、兵卒として働くことになった。やはり大島圭介が言うには、御料所兵賦などよりも金で雇われた傭兵たちのほうが、柄は悪いが強かったという。歩兵たちは、征長戦や戊辰戦争、すなわち鳥羽・伏見の戦い、そして脱走軍に加わって関東・北越・東北・蝦夷地でも戦い続け、

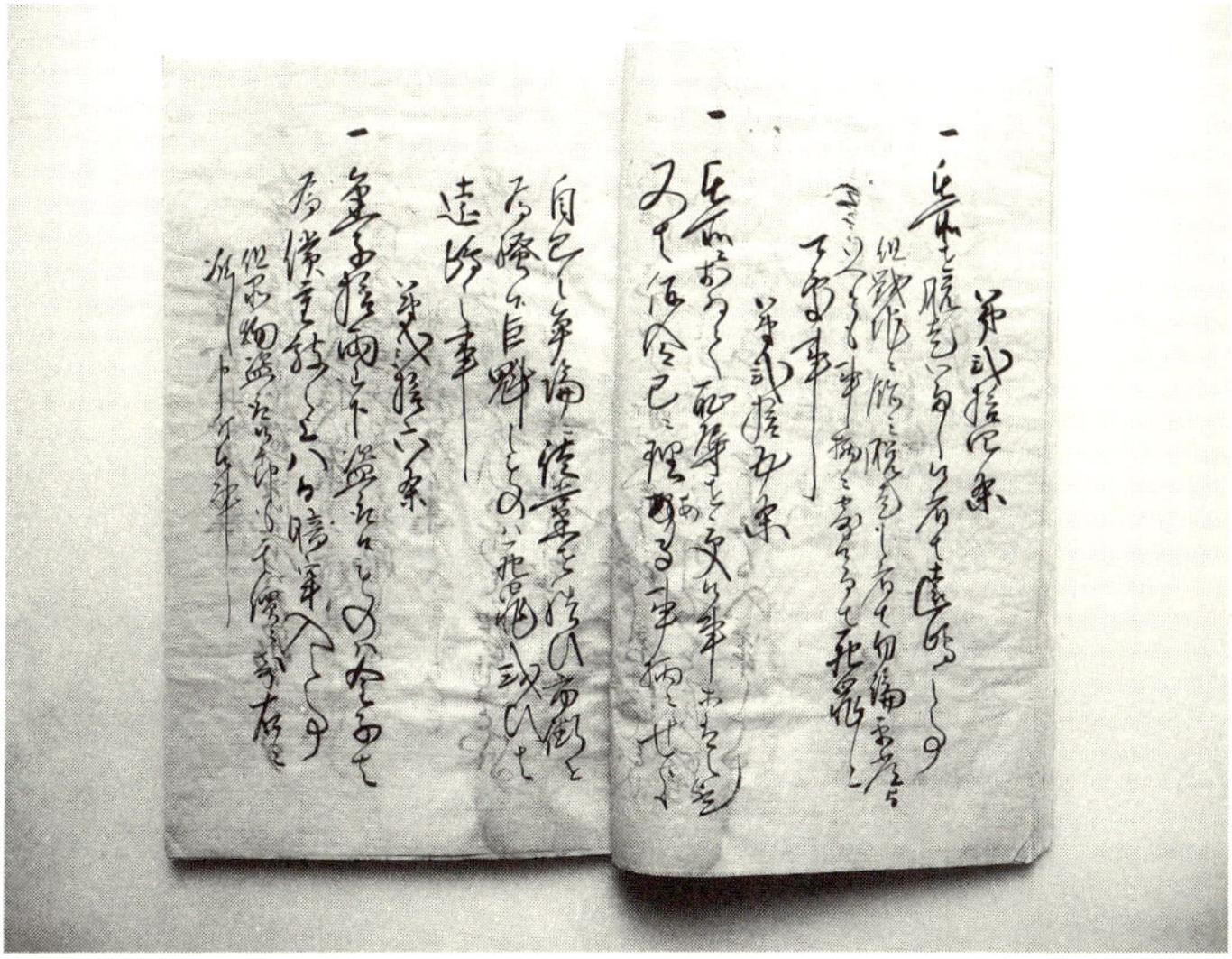

陸軍罰則書　沼津市明治史料館所蔵　慶応４年(1868) ３月に制定された旧幕府陸軍の歩兵に対する規則書。全39か条からなり、たとえば第23条は徒党を組み強訴に及んだ場合、巨魁は死罪、第24条は屯所を脱走した者は遠島、第31条には上官に手向かい負傷させた者は獄門に処すなどとある。

各地で勝敗を繰り返しつつ、戦場でその実力を進化させていった（『幕府歩兵隊』）。

表12は、幕府歩兵がどのような素性の者たちから構成されたのか、一例として示したものである。慶応四年（一八六八）三月時点の第八連隊第十四番中隊第七小隊、第八小隊の兵卒たちの一覧であり、親が江戸在住の者もいるが、それ以外の

八番小隊	瀧蔵（小頭）		越前福井城下・仲右衛門倅
	新兵衛（小頭）	26	江戸深川久右衛門新田・善蔵倅
	鉄次郎（小頭）	37	因州気多郡青谷宿・慶三郎倅
	久次郎	30	上総望陀郡青柳村・久兵衛倅
	林之助	20	江戸牛込横町・鉄次郎倅
	伊助	22	下総芝町・伊兵衛倅
	鉄五郎	28	摂州府中藤森・銀次郎倅
	助次郎	24	濃州安八郡大藪村・助蔵倅
	亀松	37	河内志紀郡西台村・茂右衛門倅
	久吉	20	大坂玉造山下町・平八倅
	与七	26	濃州不破郡尾佐村・清三郎倅
	竹次郎	24	江戸本郷竹町・源次郎倅
	梅太郎	22	濃州本巣郡芝原・金左衛門倅
	清吉	27	伊予西条城下・幸蔵倅
	兼次郎	24	江戸三拾石堀弐丁目・七兵衛倅
	兼三郎	37	信州福島・寅蔵倅
	万助	28	播州明石大倉谷・常七倅
	新蔵	22	江戸神田多町壱丁目・清次郎倅
	兼吉	21	江戸根岸大塚町・吉五郎倅
	千太郎	38	江戸神田明神下・弥兵衛倅
	春吉	19	江戸芝金杉弐丁目・惣次郎倅
	三次郎	30	能州鳳至郡穴水村・三右衛門倅
	喜助	28	遠州榛原郡川崎村・喜十郎倅
	清八	34	越中富山城下・島蔵倅
	竹次	19	尾州知多郡半田村・春吉倅
	分七	32	大坂谷町
	巳之吉	27	江戸湯島三崎町・金次郎倅
	分太郎	19	尾州春部郡九之坪村・善三郎倅
	伝吉	29	武州多麻郡吉祥寺村・幸次郎倅
	長吉	25	奥州仙台表町・市兵衛倅
	初五郎	26	江戸市ヶ谷土取場・市蔵倅
	市兵衛	22	野州宇津宮城下・半兵衛倅
	半六	30	奥州福島城下・与四郎倅
	藤次郎	20	濃州方県郡西郷村・平助倅
	富次郎	29	越中射水郡柳田村・伝兵衛倅
	練平	22	上州沼田城下・増吉倅
	松六	33	出羽秋田郡田中村・万右衛門倅
	万吉	26	江戸浅草田原町一丁目・文五郎倅

「慶応四辰年三月　第八連隊第壱四番中隊兵卒生国人名」（沼津市明治史料館所蔵・乙骨太郎乙関係文書）より作成。地名表記は原文のままとした。

表12　幕府歩兵の出身地の一例

小隊	名前	年齢	出身地・親
七番小隊	一二（小頭）	30	奥州岩瀬郡保土原村・権兵衛倅
	吉之助（小頭）	22	江戸大久保御箪笥町・三之助倅
	弥助（小頭）		信州中伊奈郡奥沢村・弥左衛門倅
	嘉平次（惣代）	30	江州高島郡北新保村・久次郎倅
	久之助（惣代）		甲州東郡市川宿・三之助倅
	半之助（惣代）	28	牧野越中守家来・八木田宗助倅
	常次郎	18	江州蒲生郡矢橋村・権六倅
	富蔵	35	駿州阿倍郡池川村・米吉倅
	吉太郎	26	越後国蒲原郡柏崎町・吉蔵倅
	甚吉	31	江戸麻布芋洗坂・長井兼之助兵卒惣助倅
	秀吉	19	江戸深川扇橋東町・金兵衛倅
	金八郎	24	美濃国原呂郡関ヶ原宿・泰助倅
	泰一郎	31	右同国同郡同宿
	勝次郎	20	越中国富山荒井郡柳町・繁蔵倅
	太助	28	出羽国由利郡松本村・長井兼之助歩卒助蔵倅
	熊次郎	36	筑前国席多郡西町・七左衛門倅
	新三郎	21	江戸神田小柳町・信兵衛倅
	要蔵	32	江戸大塚河殿町・大膳倅
	徳次郎	30	江戸浅草田原町三丁目・藤次郎倅
	常吉	32	京都堀川中立売・市兵衛倅
	竹吉	29	江戸京橋南紺屋丁・吉蔵倅
	貞吉	34	同鳴子町・豊左衛門倅
	兼松	29	加州金沢石成町・安右衛門倅
	浅吉	23	大坂大和町三丁目・政右衛門倅
	竹蔵	37	尾州加須加井郡安島村・寅蔵倅
	亀蔵	30	河内国石川郡白木村・惣七倅
	要	26	下総佐倉城下・半兵衛倅
	佐兵衛	30	濃州土岐郡田清見村・佐助倅
	啓三郎	18	江戸本所石原町・徳兵衛倅
	石五郎	31	下総国千場郡夏丸村・石左衛門倅
	源八	22	羽州秋田郡久保田大丁・喜右衛門倅
	喜太郎	26	武州比企郡田黒村・藤左衛門倅
	忠五郎	25	越後国三島郡坂谷村・林八倅
	磯吉	30	江戸旅籠丁壱丁目・満蔵倅
	金五郎	32	同神田明神下道朋町・卯助倅
	半次郎	32	豊後天都郡吉野村・才助倅
	梅吉	22	備後府中在甲茂村・松右衛門倅
	浅次郎	31	下総千葉郡小峯村・幸右衛門倅
八番小隊	市蔵（小頭）	34	江戸芝新川前・甚蔵倅

全国各地の農村・町場を出身地としたことがわかる。表には示さなかったが、典拠とした名簿には、各人に「丹波屋勘兵衛寄子」、「春木屋源助寄子」といった記載があり、実際に人集めを行った斡旋業者である人宿《ひとやど》についても明記されている。年齢の平均をとると（判明者のみ）、第七小隊が二七・八歳、第八小隊が二六・八歳となる。

右の名簿と同じ慶応四年三月には、「陸軍罰則書」が定められ、死刑を含む厳しい規律で、歩兵たちの兵営生活を縛った。小頭に対しては「小頭取締勤向心得書」が与えられ、表13にその内容を示したごとく、兵卒の中の責任者として自覚が促された。

しかし、歩兵の評判は悪く、江戸の町では鼻つまみ者だった。慶応三年に流布した「困兵党新政処」という戯れ文は、撒兵・砲兵・銃隊・遊撃隊・別手組など幕府の諸部隊を金平糖になぞらえ、売り出し広告調で揶揄したものであるが、歩兵については「在々之油虫を種ニ仕候ニ付、喰逃等上手ニ仕」（『近世庶民生活史料藤岡屋日記』第十五巻）とこき下ろされた。彼らによる無銭飲食などが横行していたためだろう、ゴキブリ扱いにされたのである。

表13 「小頭取締勤向心得書」の内容（口語訳）

一 奉公勉強、業前よろしく、部屋内取り締まりが行き届いていれば、いずれ嚮導役にも取り立てる。
一 小隊編制の際には押伍列で半隊左右嚮導などをつとめさせるので、熟達するように。
一 小銃の分解・組み立てなどについて心得ておくこと。
一 兵隊に渡してある銃と付属品については５日毎に検査を行うこと。
一 銃に錆が付かないよう、また手荒に扱わないよう兵士に申し聞かせること。
一 銃磨きは10日毎に行い、下役の点検を受けること。火入の際はすぐに磨くこと。
一 銃と付属品に損傷があった際には下役に申し出、交換すること。
一 兵士に弾薬を渡す際、胴乱中を点検し、非常時に支障がないようにすること。
一 熟達した兵士については小頭取締が連名で下役にその名を申告すること。行跡の悪い者についても内密に申告すること。
一 病兵については親切に世話すること。
一 人員改めの際は小頭とともに再点検し、密かに外出している者がいた場合は下役に報告すること。
一 各隊毎の分限帳をつくっておくこと。兵士の生国・名前・年齢等を記載し、増減の際には書き改めること。
一 他隊の兵士らと徒党を結び動揺するような気配がある時は、すぐに報告すること。万一、隠した場合は厳罰に処すこと。

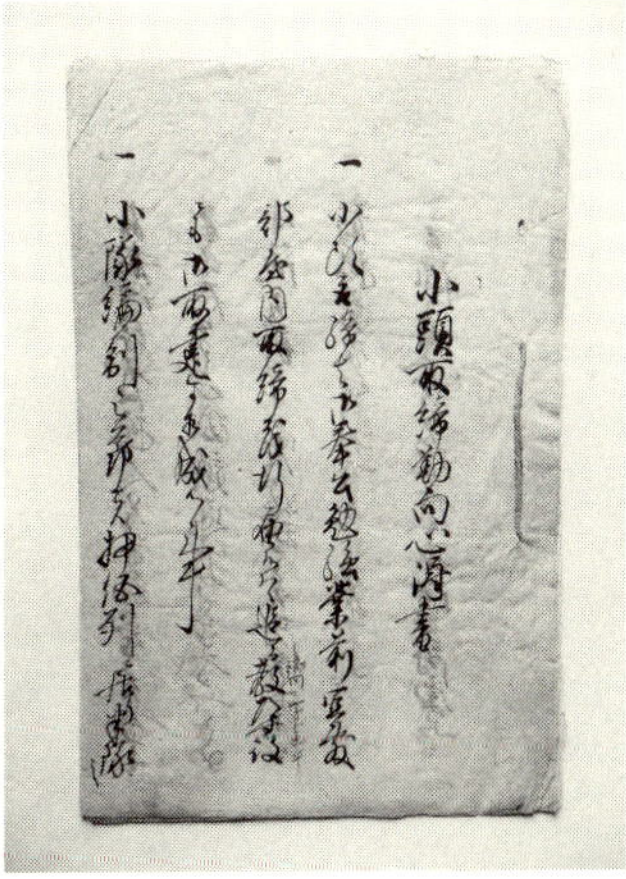

小頭取締勤向心得書 沼津市明治史料館所蔵

組合銃隊

慶応二年（一八六六）八月、幕府は兵力増強のため、従来の兵賦による歩兵とは別に、旗本に対し新たな軍役を課し、領地の石高に応じた人数の銃卒を差し出させることとした。個々の領主から切り離し、バラバラにした銃卒を集めることで、一大隊約五〇〇人、全一五大隊を編成する計画だった。各隊の人数を平均化すべく、各旗本は石高の多寡によって組み合わされたので、組合銃隊と称した。組合銃隊の歩卒は、実際に旗本領から徴集された農民は少なく、多くが江戸で雇われた者だったので、結局、兵賦による歩兵と同じく都市下層民だった。ただ、旗本各家では、他家との組み合わせではなく、自分が雇った兵だけで小隊が編成されることを栄誉とし、あえて割増の人数を差し出したりしたほか、紺色の呉絽服を揃いの制服とし、握り飯に梅干しというきまりを破り、贅沢な弁当を持参させるなど、華美を競い合った。平日の各家屋敷での稽古とは別に、小川町の陸軍所や越中島での合同調練の際などには、特に虚飾が甚だしく、見物人が群集した中での行軍のようすはさながら祭礼のようだったという(「旧幕府の陸軍(続)」)。

　翌年九月、旗本の軍役が全面金納化され、組合銃隊は解散することとなった。解雇された歩卒たちは江戸市中や周辺で屯集、一部が暴徒化するに至ったが、川崎近くではその地域の農兵が歩卒たちの侵入を食い止めるといった事態も引き起こされた(「慶応軍役令と歩卒徴発」)。

　歩兵や組合銃隊の兵卒たちは、同じ庶民から成る軍隊とはいえ、宿村の富裕層を中心に構成されていた韮山代官農兵などとは全く社会的階層を異にしたのである。幕府陸軍の歩兵は、むしろ先述した、諸藩において藩の軍制に丸ごと取り込まれた外征用の農兵と近似していた面があったといえる。それら諸藩の農兵は、たとえ同じ「農兵」という呼び名ではあっても、専業の軍隊であり、あくまで地域社会に土台を置いた民兵にすぎない韮山代官農兵などとは異質なものだった。いわば正規軍と民兵の違いであり、別の言い方ではプロとアマチュア、常勤と非常勤、フルタイムとパートタイムの違いであった。

　ただ、韮山代官による農兵取り立ても行われた伊豆国賀茂郡柿崎村(現・下田市)では、このようなことがあった。兵賦の徴発に際し、名主出野伝次郎の次男が指名されたものの、物騒な時代になりつつあったことから本人がそれを嫌がったため、代わりに江戸の炭問屋に奉公していた同村出身の出野源蔵という二十四歳の青年が応じることとなった。源蔵は歩兵としてフランス式伝習を受け、やがて迎えた戊辰戦争では、大鳥圭介率いる脱走軍に加わり、関東・東北を転戦し、箱館五稜郭で降伏した。郷里にもどった源蔵は、大正末年まで健在で、昔話に花を咲かせていたという（「幕末勇士出野源蔵翁」）。彼の場合は御料所兵賦ということになるが、中下層の農民にとっては、農兵として自村に留まるか、兵賦に応じ郷里を飛び出すかは、紙一重の差でもあったのかもしれない。

農兵をめぐる長州藩と薩摩藩

ところで、庶民の有志たちを取り入れた奇兵隊をはじめとする長州藩の諸隊は、攘夷戦争や幕府軍を相手にした戦争において大いに実力を発揮した、まさに身分制度を超越した義勇軍だった。ただし、それは有志が自発的に参加した結果、士分と庶民の混成軍となったものであり、身分制を打破したかのように見えるが、むしろ庶民出身者にとっては武士身分を獲得したという意識が強かった。そのため兵士の独立心が旺盛すぎて、隊が会議体によって運営されるなど、上意下達の指揮権が機能しない、近代軍隊にはほど遠いものだったとも評価される（『日本軍事史』）。

長州藩では文久元年（一八六一）頃から藩内各地で農兵取り立てが活発化し、藩からの勧奨のみならず、豪農らによる献金がそれを後押しした。こうして結成された農兵は、たとえば小郡《おごおり》宰判で組織された農兵「郷勇隊」では、大庄屋層が重役、庄屋層が各係、一般農民が兵士といった具合に、藩による村落支配機構をそのまま移行させたようなものだった。たとえ同じ農民が加わっていたとしても、武士意識が横溢するとともに戦闘のプロ化していた奇兵隊にとっては、農兵は指導すべき対象にすぎなかった（『長州藩明治維新史研究』）。兵士になろうとする百姓にとって選択肢が二つあったことになるが、奇兵隊と農兵とは、決して横並びの位置関係にはなかったのである。

幕末における長州藩の軍事組織は、旧来からの藩士からなる正規軍、奇兵隊など士庶混成の諸隊、そして農兵という、三層構造をとっていたといえる。もちろん主導権を握ったのは諸隊である。それに対し、もう一方の維新の立役者である薩摩藩は、領内人口の四分の一を武士が占め、城下に住む武士のみならず、農村にも広範に半農半士の郷士（外城士《とじょうし》）が居住するという、外城制をとっていたこともあり、あえて農兵を取り立てる必要性がなかった。他藩は農兵によって軍事力を増強したのであるが、薩摩藩にとっては郷士を動員すれば済むことであり、農民を駆り出すことは無用だった。ただし、両藩とも、戊辰戦争に勝利した後、実戦を戦い抜いた諸隊や下級武士の勢力が著しく拡大し、門閥打破を叫ぶなど、旧来の藩内秩序を崩すまでに至ったことは共通する。そのアンバランスの結果起きた爆発と後年まで尾を引いた結

山国隊の隊旗　山国隊軍楽保存会所蔵　鳥取市歴史博物館提供

彰義隊と戦う山国隊　『原六郎翁伝』上巻所載

末が、諸隊の叛乱、そして西南戦争であった。

草莽の勤王諸隊

　戊辰戦争時に神官・国学者・郷士らを中心に各地で簇生した、草莽《そうもう》諸隊も広義の農兵だったといえるが、思想信条を同じくする同志が結集し外へ飛び出した点では、農業から遊離することなく、遠征に加わらず地域から動かなかった「体制派」の農兵とは別物である。また、藩に所属し戊辰戦争を戦った草莽隊は、先述した藩によって取り立てられた農兵との境目が曖昧である。

たとえば、丹波国桑田郡山国郷（現・京都府京都市右京区）の神主・郷士らが結成した山国隊は、禁裏御料だったという由緒を背景に誕生し、鳥取藩に付属して戊辰戦争に従軍、戦死者も出した。また、慶応三年（一八六七）に山城国の郷士が結成した山科隊は、皇室の御所警護を行ったという伝統を誇りに、戊辰戦争時には東山道鎮撫総督岩倉具定に付属した。戦国期の忍者の子孫として「甲賀古士」を称した、近江国甲賀郡の郷士たちは、慶応四年（一八六八）一月に同志一六人で甲賀隊を結成し、仁和寺宮嘉彰親王に付属し北越戦争に従軍した（『〈甲賀忍者〉の実像』）。

草莽諸隊には、勤王思想に燃える一方、手柄を立てて武士になることを夢見たり、先祖の復権を願ったという、身分の上昇をめざす動機が強かったといえる。これらの傾向は、兵農分離という中世から近世への移行において村の中に閉じ込められた郷士たちの、「かつて自分の家は武士だった」という自意識の復活だったといえる（「近世の軍役と百姓」）。

それらの諸隊は、幕府や藩の完全なる統制下、村落を基礎に上から組織され、体制維持に利用された韮山代官農兵などとは基本的性格を異にした。佐幕と倒幕という政治的立場の違いはもとより、村落秩序における体制・反体制、現状の変革を望むか望まないかの違いが大きかったのである。

韮山代官農兵の吉原小隊の一員に、駿河国富士郡今井村（現・富士市）の甲田八左衛門秀胤（八十郎・隆太郎）という人物がいた。彼は元治元年（一八六四）、二十八歳の時、平田篤胤の没後門人となった。勤王の志士たちを自宅に匿ったとされ（「元吉原村誌」）、戊辰時には遠州報国隊の山本金木《やまもとかなぎ》、駿州赤心隊の鈴木外記ら草莽隊を結成した神官たち、天狗党生き残りの水戸浪士岩谷敬一郎（中野信成）らと交流した事実が知られる（『駿州赤心隊始末記』）。慶応四年六月には、わざわざ吉田宿（現・愛知県豊橋市）の三河裁判所*に出頭し、駿河国を徳川家の所領にしないようにとの建白書を提出したこともあった（飯田家文書「北窓雑記」）。新政府が徳川旧将軍家に対し、駿府七十万石への移封を命じたのは五月二十四日のことであり、それに反対したのである。秀胤の弟で、除隊した兄に代わって農兵になった甲田正方（貞・新十郎）は、韮山農兵学校に入学した「甲田信十郎」と同一人物と思われるが、明治三年（一八七〇）閏十月に平田に入門しているほか、後年はプロテスタントからロシア正教へとキリスト者として遍歴した（「明治期ロシア正教の伊豆伝道」）。甲

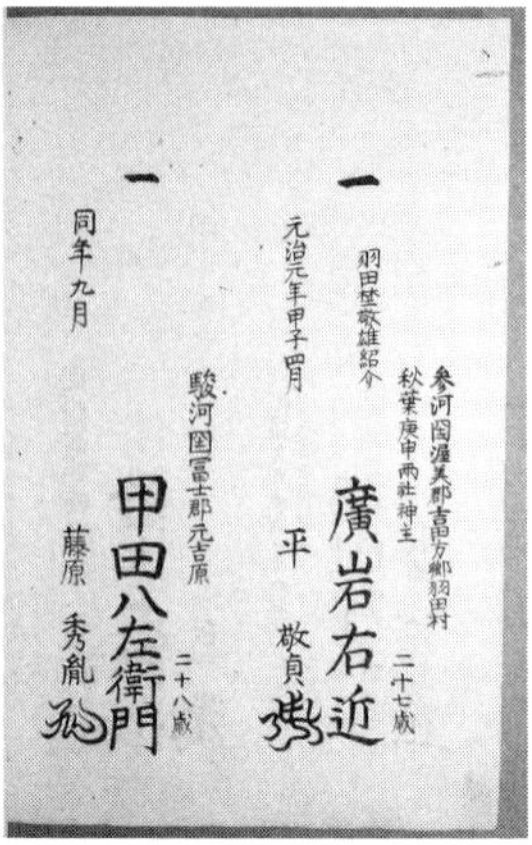

平田篤胤の門人名簿に記された甲田秀胤の名　国立歴史民俗博物館所蔵「誓詞帳　四」

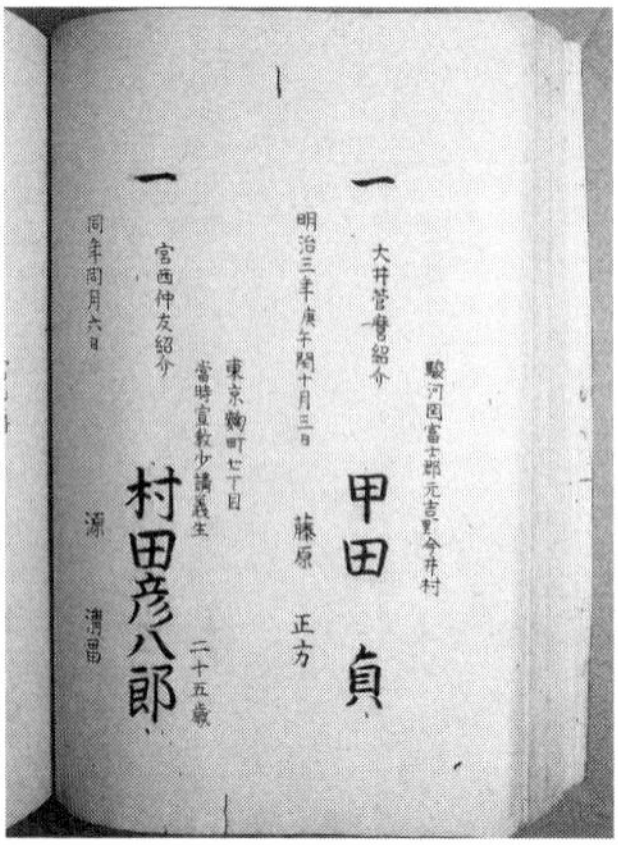

平田篤胤の門人名簿に記された甲田正方の名　国立歴史民俗博物館所蔵「誓詞帳　八」

田兄弟は、志士的気概を持った兄と、信仰への熱情を持った弟だったが、ともに伝統的な秩序に対する挑戦者だったのかもしれない。

甲田兄弟と同じく韮山代官農兵で平田国学門人になった者には、三島小隊の幹部をつとめた世古直道と栗原宇兵衛がいたが、二人の入門は明治元年（一八六八）十月のことであり、維新後の時勢に乗っただけという感が強かった。

出羽国西村山郡松橋村（現・山形県西村山郡河北町）の豪農で、幕府代官によって結成された

＊三河裁判所　慶応四年（一八六八）四月、新政府が三河国渥美郡吉田（豊橋市）に置いた行政機関。駿河・遠江の旧幕府領・旗本領も管轄した。同年六月には三河県となった。

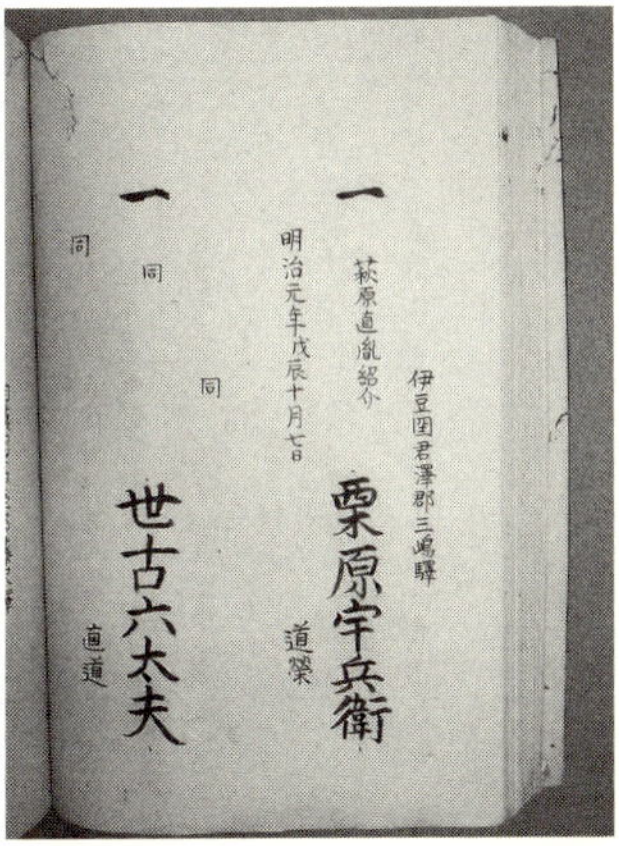
伊豆国君澤郡三嶋驛
萩原直胤紹介
栗原宇兵衛
道榮
明治元年戊辰十月七日
一 同 同
世古六太夫
一 同
直道

平田篤胤の門人名簿に記された栗原道栄・世古直道の名　国立歴史民俗博物館所蔵「誓詞帳　六」

農兵、強壮人の強壮頭をつとめた堀米四郎兵衛*は、慶応四年（一八六八）三月、尊攘派に与し強壮人を率いて新政府軍に呼応しようとしたものの、翌月、庄内藩によって拘禁されるという事件を引き起こした（『山形県の百年』）。甲田と同様、堀米も突出した例外的な存在だったかもしれないが、幕府代官配下の農兵だった者といえども、決してノンポリ、体制派ばかりではなかったことを示す。

＊堀米四郎兵衛（一八二五〜九〇）
出羽国西村山郡松橋村の名主。幕府代官が取り立てた農兵頭取役に就いたほか、自邸で武器を製造し、農民の訓練を行うなど、地域防衛のため自律的に行動した。明治十二年（一八七九）には最初の山形県会議員に当選した。

第四章 維新のあと

明治初年の軍制改革と解隊

幕府の倒壊とともにフェードアウトしていった幕府や佐幕派諸藩の農兵に対し、討幕派として新政府軍に加わった諸藩の農兵は、戊辰戦争の勝者として意気揚々と郷里へ凱旋したはずである。しかし、長州藩の奇兵隊の悲劇がよく知られるように、一転して邪魔者扱いされ、すぐに「消される」運命にあった。

長州藩の脱隊騒動*のごとく、極端な反発と弾圧は生じなくとも、維新後、農兵たちが消されていったのは同じである。津藩で撤隊・巡羅兵・大撤方農兵・平農兵といった農兵諸部隊が解散されたのは、明治二年（一八六九）十一月のことだった（『三重県史　資料編　近世4（下）』）。広島藩では、慶応四

*脱隊騒動
山口藩（長州藩）の諸隊が明治二年（一八六九）から翌年にかけて起こした反乱。藩政改革によって人員整理された諸隊の隊員が、農民一揆とも結び付き武装蜂起した。新政府から派遣された木戸孝允の指揮により弾圧された。

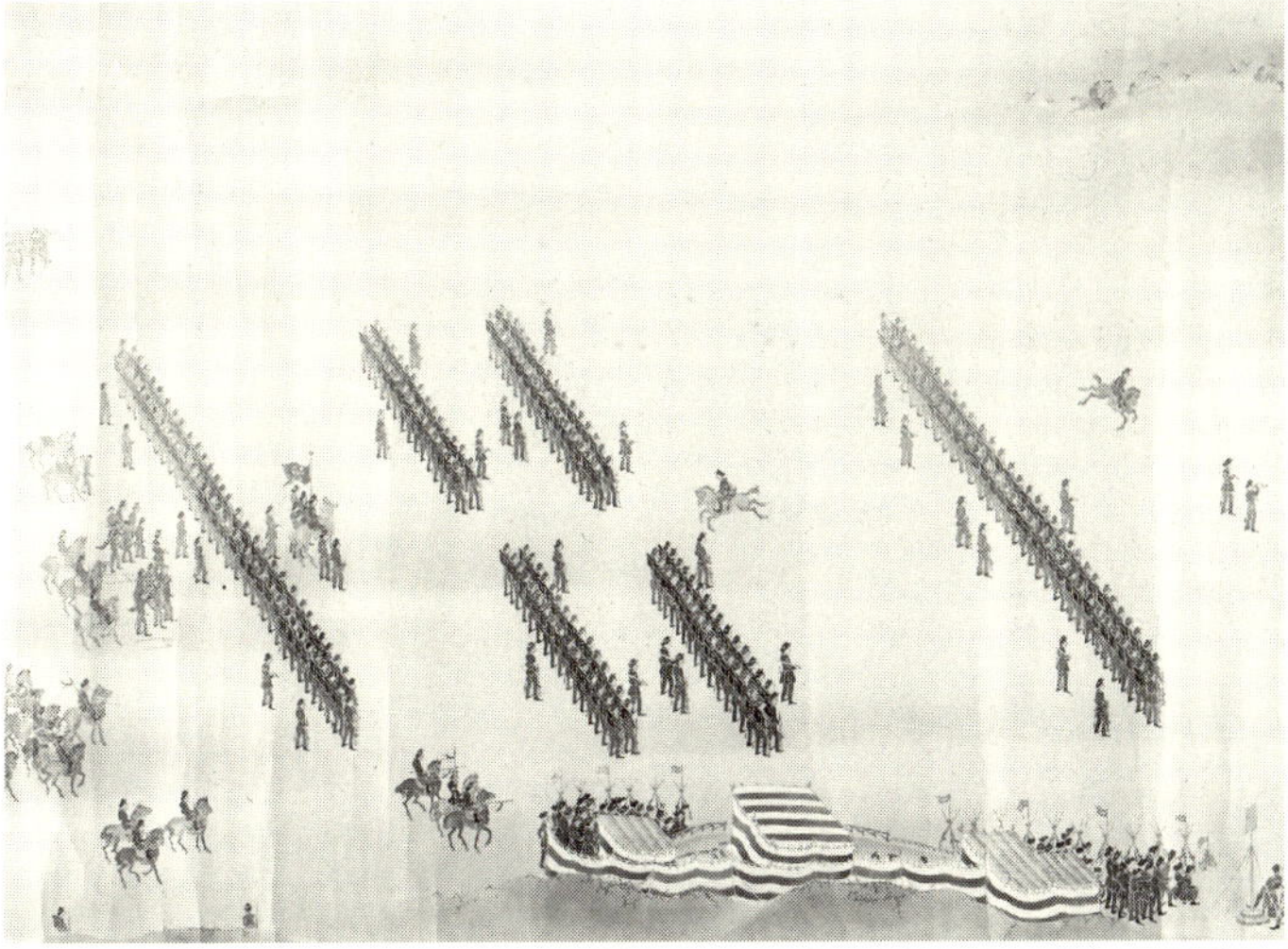

紀伊徳川洋式演武之図　和歌山県立博物館所蔵　和歌山藩交代兵の訓練のようす。

年（一八六八）一月に農兵が組織され、戊辰戦争に従軍し戦功を挙げた部隊もあったが、まず明治二年（一八六九）七月に一一部隊二〇〇〇人余を約九〇〇人にまで減らし、協和軍という部隊に一本化した。さらに翌年三月、新政府が諸藩に指示した「常備編隊規則」にのっとり、兵制改革が実施された結果、協和軍も藩士からなる士卒の部隊の中へ合併吸収されることとなり、農兵としての独自性はなくなった（『徴兵制と近代日本』）。

　和歌山藩では、慶応三年に編成された農兵（翌年に在銃隊と称す）があったが、士庶の差別なく二十歳男子を対象とした明治二年（一八六九）の「交代兵要領」、翌年の「兵賦略則」によって、全国に先駆けたドイツ流の徴兵制＊が施行されたため（『日本軍制の起源とドイツ』）、その大改革の中で古い農兵は消えていった。

　武士による正規軍があってこそ、農兵の独自性があった。しかし、前提としての身分制が撤廃される時、農兵という存在も消滅する運命にあった。

＊和歌山藩のドイツ式徴兵制
明治二年（一八六九）に雇われたドイツ人カール・ケッペンの指導により、和歌山藩では全国に先駆け、「交代兵」と呼ばれる、身分を問わない、ドイツ式の徴兵制が施行された。明治四年（一八七一）の廃藩置県で中止されるまで、約六〇〇〇人が徴兵され、訓練をほどこされた。

明治の徴兵制へ

　明治新政府の中では、中央集権国家として採用すべき軍備は、士族による軍隊か、平民をも含めた軍隊か、という兵制論議がしばらく続いた。四民平等を前提とする徴兵制によって国民軍を作り上げるべしという大村益次郎の主張と、士族の兵隊でよしとする大久保利通の対立である。「農兵を募親兵とする之軍務官見込決不安心」（農兵を集めて親兵にするという軍務官の方針は安心できない）という言葉が大久保の日記にあるように、一般庶民を含めての徴兵は「農兵」と呼ばれ、一段低く見下されていた。ただし、大村益次郎が敷いた方向にブレは生じなかった。江戸時代、軍事とは無縁だった民衆は、兵役という新たな苦役に苛まれることになる。

幕末の農兵にも領主からの強制性があり、郷土防衛の志願兵・義勇兵としての自発性とは相反する側面を持っていた。「専ら不自由な農奴から成るものでなく、反対にまた完全に解放された農民から成るものでもなかった」（『日本における兵士と農民』）というわけである。しかし、幕末に農兵を経験した豪農青年の多くは、いち早く「国民」としての自覚を持った者であり、途中、反政府の自由民権運動に参加したとしても、最終的には明治国家に従順な地域指導者として、一般村民に対し徴兵を奨励する立場となる宿命だった。やがて明治の軍隊も民衆に受け入れられ、兵士になることが一人前の男子、すなわち「立派な国民」になることであると認識されていった。軍事を担うことは国民化への出発点だった。その点において、幕末の農兵を帝国陸軍のルーツとみなすこともあながち全くの見当外れではない。

明治八年（一八七五）三月、三島宿で徴兵検査が実施され、検査を受けた一一〇名のうち六〇名が採用となった。東京から来た検査官たる陸軍中尉らのほか、規程にもとづき、地元からも県吏からなる議官・史生、区長からなる議員、傭医らが立ち会った（『明治初期静岡県史料』第五巻）。議官をつとめたひとり、足柄県十四等出仕山田広業（清次郎）は、幕末には江川坦庵子飼いの韮山代官手代・高島流砲術家のひとりとして農兵たちの調練を担当した人物だった。明治の世を迎え、全国規模での国民皆兵が実施されるに至り、その仕事に携わることとなった時、果たして彼の感慨はいかなるものだったであろうか。

昭和二十年（一九四五）六月、『農兵に就て』と題する小冊子が大政翼賛会三島市支部から発行された。内容は郷土史家戸羽山瀚《とばやまかん》による江川坦庵と韮山代官農兵に関する概説であるが、序文では大政翼賛会三島市支部事務長の筆で、現時の「大東亜決戦」において女性や老人までもが南島で「驕敵米鬼」に対し奮戦し玉砕したことを引き合いに出し、国民皆兵の基となった農兵は、「我国本来ノ特色アル国民精神ヲ表現シテ居ル民族ノ一ツノ表徴」であったと高らかに謳われている。近代日本の終着点である敗戦を迎える直前、幕末における農兵の史実までもが戦意高揚に動員されたわけである。

敗戦後、平和国家として再出発した日本において、軍国主義は排除され、幕末の農兵に対する見方も昭和の戦争とは切り離された。逆に、農兵は封建権力の走狗であるとか、階級内暴力装置であるといった学説も唱えられた。しかし、国家というものが自衛を大義名分とし、暴力を是とする「兵」や「軍」という存在がある限り、その評価は今後も時代の趨勢とともに揺れ動いていくものなのかもしれない。幕末の農兵が、その実態以上に持ち上げられたりすることがないよう願う。

むすびにかえて

農兵は幕末という時代を背景に生まれた歴史的存在だったが、同時代、そのすぐ周辺には、背景を同じくして庶民の中から発生した志士・剣客・博徒《ばくと》といった存在が広がっていた。また、より古い時代からの流れとして、正規の武士に準ずるような、郷士・帯刀人・武家奉公人といった存在も交差していた。

幕府や藩によって農兵（狭義の）に選ばれたのは、主として戦国時代の土豪の系譜を引くような、村の名主・庄屋をつとめた豪農だった。同じ豪農層の中からは、武術を習得した者や、国学や儒学を学び尊王攘夷思想に目覚め、志士活動に飛び込んでいった者が輩出した。一方、幕末に新設された幕府の歩兵や各藩の銃隊などには、豪農商の子弟よりも、村や町の下層民や博徒などが参加する場合が多かった。戊辰戦争に従軍した勤王諸隊には、家や地域の伝統・信仰を背景に名誉回復・身分上昇を求める旧家出身者たちと、個人としての立身出世を夢見る下層民や剣客・博徒などが混在した。農兵とその周辺を見回した時、体制側につくか、反体制側につくかの違いはあっても、社会の上層・下層を問わず、多くの人々が突き動かされ、それぞれの選択をしたことがわかる。

武州の農民出身だった渋沢栄一が、幕末に一橋慶喜の家臣となり、一橋家の領地で歩兵の徴募に奔走したという事実はよく知られている。彼は一橋家に仕える前には、攘夷派の志士だった。豪農、志士、幕臣と次々とその姿を変え、身分を超え自由に羽ばたいていった渋沢は、村々で募った歩兵（広義の農兵）たちに対しても、自分と同様の転身と国（領主）へ報じることを勧めたのである。

しかし、身体を縛られないとか自らの進路は自分が決めるといった、郷士防衛型の農兵や志士たちにあった主体性や自由度は、いったん幕府の歩兵や藩の正規軍に組み込まれた銃卒になると失われ、やがて明治の徴兵制の「苦役」へとつながっていく。兵役に就くことが国民になることを自覚させるものだとしたら、主体的な参加意識が強く、自由度が高かった段階でそれに気付いた者は幸運だった。個別領主レベルと国家レベルとでは、支配の貫徹度がまったく違う。まして、領主の正規軍に組み込まれなかった郷士防衛型の農兵の場合、誰を農兵とするかは地元に一任されているなど、村や村組といったレベルでの自治が機能していた。韮山代官農兵に協力した駿豆の豪農商の意識には、横浜開港当時、不良製品の海外輸出を「国辱」であると意識した駿河の茶生産者と共通する国家意識、すなわちナショナリズムがあったとされるが(『静岡県原町誌』)、まだ生まれたてともいえるナショナリズムは純粋無垢だった。農兵の時代とは、否応のない国家の重圧がまともに民衆にのしかかるようになる前夜だった。

史料編

史料1　柏木忠俊の農兵取立始末書（静岡県編輯「故正五位前足柄県令柏木忠俊小伝」所収）

〔解説〕

この史料は、韮山代官の農兵取り立てに際し、年若い代官に代わって実務を取り仕切った元〆手附柏木忠俊（総蔵）が、取り立て実施から二年余が経過した慶応二年（一八六六）七月、幕府からの質問に答えるべく、農兵に関する諸点に関しまとめ提出したものである。なぜ、この時点で幕府がこのような内容の回答を求めたのかはわからないが、農兵取り立ての事情や柏木らの考え方がよくわかる。以下は、その要点である。

○最初、関東と豆駿遠三甲信越からの農兵取り立てを計画し、まずは韮山代官支配地から手をつけることとした。反対者に対しては、兵賦との違いを強調し、あくまで郷土防衛の目的であるとし、説得することは可能である。

○稽古は、江戸芝新銭座と韮山陣屋とで行い、伝習済の者は宿村へ帰す。各地へは鉄砲方附教示方の者を派遣し、伝習済の者に手伝わせながら、訓練を行う。手附・手代の中から担当者を選び、宿村を見廻らせ、生活上の謹慎ぶりや質素さについて点検する。

○稽古場は、既存の寺社の境内などを使うこととし、空き地があれば新設も可とする。

○一小隊は、平卒三二人、役掛五人、鼓手一人、計三八人と仮に定めた。編成にあたっては、関東取締寄場組合に倣い、一〇か村、一五か村といった具合に組合毎とする。幕府陸軍の歩兵局の規定にのっとり、平卒四〇人、役掛七人とする案もあるが、宿村の人口の違いにより実際には増減が想定される。

○中国や西洋諸国の例を参考に、百石につき一名か二名という、およその基準で農兵を出させることとした。また、各小隊では、実際に軍役に就く三八名とは別に、予備隊としてさらに三八名を置き、五年任期で交代し、計十年ですべての任務を終了させる。

○代官のみならず、関東取締出役も農兵の日常訓練や非常時の指揮を行う。

○農兵の隊長・役掛には苗字帯刀（二本差し）、平卒には苗字と一刀を身に付けることを許可してほしい。

○農兵取り立ての経費については、国恩や郷土防衛を理由に地元民に献金させる。韮山代官支配地では、芝新銭座大小砲習練場の建設時に献金させた一万二千八百七十二両がある。ただし、韮山陣屋の警衛を沼津藩に代わり農兵にさせることとなったので、その経費も必要となっている。

○関東では関東取締出役の主だった者、関西では普請役のうち人望のある者が廻村することによって、農民たちに教諭を加え、農兵取り立てを成功に導くことができる。

○農兵取り立ては、祭礼・芝居などに出費する村々の無駄をなくし、農民たちの生活向上にも役立つ。旗本兵賦は江戸で雇われた貧窮者や無頼の徒が多いが、農兵は村役人やその倅、あるいは比較的裕福で貞実な農民から募集するので、家業を放棄したり、質朴の気風を失う心配はない。

〔**史料翻刻**〕

先々代太郎左衛門遺志ヲ継、先代太郎左衛門ヨリ御料所農兵銃隊御取立之儀、建白仕候趣意取扱振其外、御尋之趣承知奉畏、粗左ニ申上候

一専外寇ヲ相憂、随テ内患モ難計御時節、万一有事ニ臨、御国中沿海其他、夫々江之御軍配ハ勿論、国持衆始、各不被命候共、自領ヲモ相固メ候次第ニ至、自ラ　御膝下之御警備御手薄可相成哉、又其虚ニ乗シ盗賊悪党共蜂起、其他何様之事出来間敷モノニモ無御座、就テハ可成丈、土着之人数御用ヒ被遊候御工夫ヲ以、関八州并伊豆駿河遠江三河甲斐信濃越後国ハ同時ニ農兵銃隊御取立、其余国々者追テ之時宜次第御沙汰被為在候方可然哉

此儀、先ツ太郎左衛門支配所ニ限、見込之通農兵銃隊可取立旨、御下知兼テ之見込相違聞請方如何可有之哉、心配ハ仕候得共、折角御下知済ニ罷成候儀、何レニモ取調候様申付請、私幷手代三浦剛蔵出役、夫々申諭候処、果シテ太郎左衛門支配所而已余計之課役之様心得候向多ク、追テハ外御料所之規本ニモ可罷成哉ト相進候有志之者稀ニテ殊ニ御旗本方兵賦御知行所へ申付為差出、手数失費夥敷ヨリ当惑難渋之趣追々伝承、万一同様之姿ニテハ不容易儀ト心取違候者モ相見へ候間、右兵賦ハ御旗本衆之持高ニ応シ御差出相成候御軍役ニテ、御主人ヨリ給金差遣、其所へ引渡上候於テモ御賄其外御手当モ被下置、農兵ハ稽古玉薬スラ自分入用、同日之論ニ無之、右者今治ニ居テ乱ヲ不忘之御趣意ヲ以、万一之節専ラ其宿村之横害ヲ未然ニ御手配可被成置ト之御議、誠ニ難有御趣意相貫候得者、乍恐上ハ国家之御為、下者宿村無難ニ立往、業ヲ営、子々一同和楽之基ト之儀、説諭承伏勉励罷在候儀ニテ此上御料所惣体同様、農兵銃隊御取立厚ク御世話被為在、日ヲ積、月ヲ累候得者業前熟達、詰り国々遠近ニ応シ三十日又ハ五十日交代ヲ以、御府内ニ被為召呼候テモ差支無之様可相成ハ勿論、尚御心ヲ被為用農兵中之有志ヲ御精撰被成置、御扱次第ニテ抛身命ヲ何国迄モ罷出御用可相勤旨申立候者追々可出来哉ト奉存候

右之手続ニ付、御料所一体兵賦差出方被仰渡候節、内実二重役ト心得、品々難渋申

出、無余儀次第ニ相聞、再応太郎左衛門ヨリ奉願候儀モ御座候得共、不取及御沙汰、且方今之御時勢旁篤ト申諭、為差出候積、既ニ武相州ハ追々屯所之引渡、豆駿州モ昨今取調中ニ有之、自然御料所一般兵賦之外ニ農兵ヲモ御取立被仰出候得者猶更彼是申立候共、何様ニモ説得仕候心得ニ御座候

一稽古之儀ハ先ツ其組合毎一組ニ重立候者、両三人ツヽ、武相州ハ芝新銭座、豆駿州ハ韮山屋敷へ呼寄、一ト通伝習済之上、差戻、御鉄砲方附教示方之者差出、最前両所へ呼寄、一ト通伝習済之者共為手伝、夫々稽古為仕、且手附手代之内人撰掛申付、附添又ハ折々見廻等仕、身分之謹慎方其外取締向ハ勿論、成丈質素入費不相遣様為仕候儀ニテ農兵共心得方其外一応伝習済、教示方懸手代引払之節、太郎左衛門ヨリ申渡書并規則書共御見合迄ニ写奉差上候

一稽古場之儀者可成丈、堂宮寺院境内等ニテ間ヲ合、尤空地差支無之場所新規調練場補理候向モ御座候

一銃隊一小隊先ツ三拾八人ト仮ニ取極、長役掛之者五人、平卒三拾弐人、鼓手壱人、右ヲ関東御取締寄場組合之主法ニ倣ヒ其宿村民口ニ応シ、或ハ拾ケ村、拾五ケ村最寄之都合ヲ見計、為組合候積

此儀、農兵之儀ニモ有之、成丈少人数ニ見積、一小隊弐拾五人、平卒弐拾人、但伍卒

ニ小頭一人、従懸五人、内小隊頭取壱人、同並壱人、什兵組頭二人、差引役壱人之積申聞置、弥稽古ニ臨、銘々熟達ニ随ヒ少人数ニテハ分隊其外規則通之操練モ不出来、張様ニモ拘候体ニ付、矢張歩兵局御取極之通、平卒四拾人、役掛七人ト仕候、尤組合民口ニ応シ人数増減ハ無余儀次第、其侭仕置候

一其土地ニ寄、少高ニテ人員多モ有之、又相反シ大高少人数モ御座候事故、高百石ニ付何人又ハ民口百人ニ付何人トカ一定ニ仕兼候得共、凡其御極メ無之候テハ差向取調方ニ差支、尤一時多人数ニ相当候テハ自然難儀永続無覚候間、先ツ民口百人ニ付壱両人位、其上地柄衰盛等ヲモ合考取調、且譬ハ拾ケ村組合一小隊三拾八人御軍役ト相定、病気其外差支候節之為、尚三拾八人予備隊ト仕、五ケ年之勤、六ケ年目ニ至、御軍役之者御差免、只今迄之予備隊三拾八人ヲ御軍役江繰上、又ハ新タニ予備隊三拾八人御取立、其後ハ右次第ヲ追ヒ候得者、初発御軍役相勤候者ノ五ケ年、夫ヨリ後之者ハ予備隊五ケ年、御軍役五ケ年都合拾ケ年ニテ全御差免、勿論追テ勤続相願候者ノハ任其意、継年被仰付、御取極之通季明御差免ニ相成候者ハ後見同様平常稽古等之諸世話為仕候得者、一旦御軍役相勤候規模モ相立、当勤予備隊之外ニ不意之人数御設被置候姿ニモ可相成哉

但先代御代官所高七万二千石、当分御預所高壱万四千石、別廉当分御領所高壱万四千石、〆高拾万石余、此男人別七万九千弐百人、先ツ百人ニ付壱人ト仕候テモ七百九拾

弐人ト罷成候間、民口ヨリ取候儀ハ漢土歴代西洋諸州魯亜等之農兵ヲモ勘考、凡見込ヲ取調候儀ニ御座候、此儀本文ニ民口百人ニ付壱両人ト申上置候得共、先ツ男人別百人ニ付壱人之積取調申候、尤其場所ニ寄、追々任願人数相増候分モ御座候間、一定不仕候、御軍役予備隊之儀ハ御料所一体ニ御取立相成候見込ヲ以取調候儀ニテ支配所限ト之儀旁追々之模様熟慮、其上之儀ト一応申聞置、予備隊迄之取調行届兼候場所モ御座候

一農兵進退之儀、其御代官ハ勿論ニ候得共、関東ハ右御取締出役之モノモ常々取締稽古之世話等為仕、非常之節其時宜ニ寄、御代官へ相断、農兵引連云々ト申事ニモ至候得者召捕方其外、大手配之節最寄諸侯へ人数書等不及係合候共、御用弁相成、弥以御威光モ可相立哉

此儀、前条同様、追々之模様ニ寄、尚奉伺候儀モ可有御座哉ト先ツ其侭ニ打過罷在候へ共、自然関東一体ニ農兵御取立ニモ罷成候御儀ニ御座候得者、本文之通ニ被仰付可然哉ニ奉存候

一農兵非常之節、隊長役懸之者ノハ苗字帯刀、平卒ハ苗字一刀御免被仰付度

此儀差向苗字帯刀之儀モ難被及御沙汰旨被仰渡ニ御座候得共、苗字ハ兎モ角、平卒一刀、役懸之者帯刀之儀、非常之節ニ限リ御差免不相成候テハ何分気配ニモ拘可申哉御

含迄ニ奉申上置候

一農兵御取立ニ付テハ差当御入用モ相掛リ候筋ニハ御座候得共、右ハ身元之者江御趣意柄申諭候得者御国恩之冥加第一、其所之横害予防之筋旁上金相願候者モ可有之、然ル上ハ右ヲ以御貸渡可相渡小銃附属之御品々御買上等之御入用御仕払、残金御貸附利金ヲ以年々教授出役御手数ハ勿論、追テハ稽古入用等モ御下被遣可然哉

此儀モ御料所一体之事ニ候得者、十分申諭方モ可有御座見込之処、太郎左衛門支配所而已之儀、且ハ芝新銭座大小砲習練場御取建之節、他ニ無御座別段之上金壱万千六百両引続候儀、旁見込通りニモ至り兼、武相州上金又ハ御武器代其外共金七千八百四拾七両、豆駿州同断、金五千廿五両、合金壱万二千八百七拾弐両ト罷成申候、然ル処、韮山屋敷内御用達場其外御警衛之儀、水野出羽守殿江被仰付、御同人駿府御固等ニテ差支、願之通御免相成、外最寄諸侯無之、無余儀御談之趣ニ応ジ同人代り附村々江一体之民口等ニ不拘、百人之農兵申付、昼夜御警衛相立候積、右御入用幷農兵教示方出役雑用其外元立御備之為、前書上金之内御武器代火薬庫稽古場等之御入用差引残金御貸附利金ヲ以仕払候積、伺之通御下知相済、当時専ラ右御仕法中ニ御座候

一右申諭方取調向之儀、関東ハ御取締出役重立懸之内、関西者御普請役之内、各正路潔白人望之者御撰、廻村被仰付、御代官方ヘモ被仰渡、元締手附手代之内壱人相選、支配所

限右御取締出役又ハ御普請役廻村之節立合、倶々教諭仕候得者必成功ニ可至哉

此儀モ前書御下知振ニ付、私出役取調候得共、本文之通関東ハ御取締出役重立懸、関西ハ御普請役之内、廻村取調候得者諸事今一段ト今更遺憾之至奉存候

一其他銃隊稽古之仕法、小銃御貸渡取締向等、都テ巨細之儀ハ右取締出役之者見込モ有之哉ニ付、追テ尚可申上、一体世上奢侈、動レハ祭礼等ニ事寄、芝居手踊狂言等興行人寄ケ間敷企相聞、右様之事ニハ身分モ忘レ入用ヲモ不厭、凡庸下情之習ニテ其実ハ無益之金銭手隙間ヲ費シ候而已ナラス、果ハ喧嘩口論、又ハ不宜幣風ヲ遺シ良民之害ト相成、右等ヲモ勘弁、農兵之御世話被為在、夫是追々教諭ヲ加候得者次第ニ質朴ニ復シ却テ勧農理財之一助ニモ可罷成哉

此儀御旗本衆兵賦之儀、江戸抱ハ無論、知行所人撰之者迚有志ニシテ相応ノ持高活計方等差支無之、其上貞実ト申者ハ十ニシテ壱弐モ無覚束、極窮人カ又ハ放蕩等之者多ク甚キハ無頼之徒抔へ多分之金子ヲ与へ雇入、差出候向抔無之トモ難計、右様之者ニテモ五ケ年詰切之勤仕ニ付、御差支ハ不及申、却テ戦争実地之御用ニハ相立候得共、農兵ハ相反シ産業ヲ営ナガラ稽古并有事ニ慎ミ御用為相達候儀ニ付、万一武芸修業ヨリ自然身分高上ニ構へ気荒カザサツニ相成、常ニ村役人共之差配取締方ニ拘候様之儀ニテハ以之外、大害依之、隊伍附属之役掛者宿村役人又ハ其者之倅、平卒モ高持等ニ

テ貞実之者ヲ相撰ミ、之本文之意味相含、初ケ条ニ奉申上候申渡書規則書ニモ御座候通、兎角質朴謹慎家業相励、其妨ニ不相成様稽古ト申事ニ専ラ教諭仕候儀ニテ、此儀モ農兵ニ付テハ肝要之儀カト奉存候

右最初先代太郎左衛門ヨリ建議仕候大意并取扱候振合、凡書面之通御座候、右建議之書面其外ハ江戸表同役共ヨリ写書差上候趣ニ付相除、農兵之申渡書規則書共写壱冊相添御尋ニ付此段奉申上候、以上

江川太郎左衛門手附

柏木総蔵

慶応二寅年七月

史料2　農兵差図役の処遇改善につき江川英武願書（柏木家文書）

〔解説〕

この史料は、慶応三年（一八六七）五月、韮山代官江川英武が相州御備場（観音崎台場）の警備を命じられたのを契機に、配下の農兵差図役の処遇改善について幕府に申し立てた願書である。最初、江川家の鉄砲方兼任により、配下の手代らが鉄砲方附手代に任じられ、一八名の定員が定められたこと、その中から業前《わざまえ》抜群の一〇名が教示方を命じられたこと、やがて幕府陸海軍の士官に抜擢される者が輩出したこと、この書面に名前がある者についても農兵や諸藩の士に対する教育は親切で行き届いており、中には陸海軍への「取人」（スカウト）の勧誘もあったが、当方でも困るので断ったことなどが記されている。

この願いにより抱え入れ替えが実現し、もともと士分ではない手代出身の農兵差図役だった彼らは、幕府の直参たる相州御備場手附になった。ただし、維新後には田那村・中村・甲斐を除き、ほとんどの者が徳川の臣籍を離れている。

〔史料翻刻〕

農兵差図役御備場手附御抱入替其外奉願候書付

覚

高七拾俵　弐拾俵　持高
持扶持弐人扶持　内五拾俵　御足高
御役金五拾両　此金五拾両
但高拾俵
金拾両積

一高四百九拾俵
持扶持拾四人扶持
御役金三百五拾両

此もの共儀、持高弐拾俵弐人扶持を以御抱替御備場手附頭取、歩兵差図役之振合ニ准シ表火番上席江　仰付、勤中本文之通御足高御役金共被下候様仕度奉存候

高五拾俵　内弐拾俵　持高　同
一持扶持弐人扶持　参拾俵　御足高　同
御役金参拾両　此金三拾両　但右同断

農兵差図役
御普請役格
山田清次郎
安井晴之助
田那村淳
長沢房五郎
斎藤四郎之助
森田留蔵
岩島廉平

中村惣次郎

此もの儀、同様御抱替御備場手附頭取並、学問所勤番上席被　仰付、勤中本文之
通御足高御役金共被下候様仕度奉存候

高三拾俵　同
一三人扶持　同
御役金弐拾両　甲斐芳太郎

此もの儀者持高持扶持是迄之格式を以御備場手附名目替被仰付、本文御役金而已
今般被下候様仕度奉存候

高弐拾俵　同
一弐人扶持　同
御役金弐拾両　中浜万次郎

此もの儀、当時松平修理太夫方江御貸渡中ニ付、是迄之侭ニ而御備場手附と名目
替被仰付候様仕度奉存候

一金拾五両　同
三人扶持　同
長沢良吉

此もの儀、当時横浜英学伝習被仰付修行中ニ付、是迄之侭ニ而御備場手代と名目

替被仰付度、尤伝習済尚奉願候義も可有御座御含被下候様仕度奉存候

高五百九拾俵

内

高弐百拾俵　　持高

四分三米百五拾七俵壱斗七升五合

此金百拾四両三分永弐百弐拾五文

但　御張紙直段三両増
米三拾五石ニ付
金七拾三両替

此四分一米五拾弐俵壱斗七升五合

此金百五拾七両弐分

但　同断ニ付
金三百両替

小以

高三百八拾俵　　御足高

此金三百八拾両

但　御足高拾俵
金拾両替

持扶持弐拾四人扶持

此米四拾弐石四斗八升

此金三百六拾四両永百拾四文三分

但　米三拾五石ニ付
金三百両替

金四百三拾五両

合金千四百五拾壱両弐分永八拾九文三分

右農兵差図役之内、御給金取山田清次郎外八人者元同勤者都合拾八人有之、亡祖父ゟ教育仕、亡父代御鉄砲方附手代被仰付、最初者人数并御宛行等御定無御座候処、安政五午年太備後守殿御勤役之節以来拾八人を定人数と仕、各金拾五両三人扶持ツヽ、右之内業前抜群之者拾人迄教示方名目ニ申渡、勤中金弐拾五両五人扶持ニ御足被下、病気其外御番代之節者元高ニ戻候様可相心得旨被仰渡相勤罷在、然ル処同勤共追々海陸軍局江御撰挙、次第ニ結構被仰付、当人共者不及申上、父祖之面目旁於私難有仕合奉存候、尚当時書面相残候者之内ニも取人打合御座候向も候へ共残少罷成、私方勤筋ニ差支、無拠及断置候ものも御座候程之儀ニ而銘々業前者勿論精勤農兵又者諸藩之教授向深切ニ行届、方今之御時勢何程歟御国為ニも相成、且此度相州海岸御備向浦賀表御警衛等被　仰付候上者今一層勉励為仕度見込之次第も御座候ニ付而者只今迄之姿ニ而差置候段如何ニも歎ケ敷、夫是之情実厚御憐察被成下可相成候儀御座候ハヽ、清次郎始夫々前条願之通被仰付候様仕度奉存候、依之此段奉願候、以上

卯六月　　　　　　　　　　　　　　　江川太郎左衛門

幕末の農兵　略年表

寛政五年（一七九三）	二月	盛岡藩、海防のため猟夫・百姓を海岸に配備。
天保十年（一八三九）	五月	韮山代官江川坦庵、伊豆の海防のため農兵採用を建議。
嘉永二年（一八四九）	五月	江川坦庵、下田警備のため農兵採用を建議。
	十二月	幕府、海防強化令を発布、農兵採用は各藩の裁量に任される。
嘉永六年（一八五三）	十一月	弘前藩、海岸に民兵約二〇〇〇人を配備。
安政元年（一八五四）	九月	土佐藩、海防のため民兵を置く。
安政五年（一八五八）	六月	菊池海荘、和歌山藩主に「七実芻言」を呈し農兵採用を提言。
文久元年（一八六一）	十月	韮山代官江川英敏、亡父の遺志として農兵採用を建議。
文久三年（一八六三）	二月	金沢藩、農兵（銃卒）を取り立てる。
	二月	佐渡奉行、農兵を取り立てる。
	五月	鳥取藩、民兵の取り立てを決定。
	五月	甲府代官、治安維持のため勇壮人の編成につき布達。
	六月	長州藩で奇兵隊が結成される。
	八月	老中松平信義、幕府直轄領での農兵取り立てを内諾。
	九月	寒河江・柴橋代官、農兵徴募を発令。
	十月	韮山代官江川英武、支配地での農兵取り立てを命じられる。
	十一月	幕府、関東の代官に対しても農兵取り立てを命じる。
元治元年（一八六四）	八月	和歌山藩、農兵取り立てを発令。
	八月	水原代官、農兵取り立てを布告。
	十一月	寒河江・柴橋代官による農兵徴募、反対運動により中止。
慶応元年（一八六五）	五月	上洛途中の将軍徳川家茂、富士川河原などで農兵調練を上覧。

慶応二年（一八六六）	五月	幕府直轄領での兵賦の徴発が開始される。
	閏五月	韮山に農兵教育のための学校が開設される。
	六月	西国郡代、農兵取り立てを開始、後に制勝組と称す。
	五月	岡山藩、農兵を編成する。
	六月	韮山代官農兵、武州世直し一揆の鎮圧に動員される。
	六月	韮山代官農兵、大坂派兵に反対し、免除される。
	六月	倉敷代官、支配地での農兵取り立てを発令。
	七月	川越藩、農兵取り立てを発令するが、反対運動により後中止。
	八月	幕府、組合銃隊の編成開始。
慶応三年（一八六七）	五月	韮山代官農兵、三浦半島の観音崎台場警備を命じられる。
	九月	旗本軍役が全面金納化され、組合銃隊解散。
	十二月	韮山代官農兵、八王子で薩邸浪士隊を殺傷。
	十二月	江戸町奉行、町兵の取り立てを指令。
慶応四年（一八六八）	一月	戊辰戦争開始、以後、各藩・各地域で草莽隊や農兵隊が簇生。
	二月	江川英武、新政府から農兵出兵を命じられるが、免除される。
明治元年（一八六八）	十月	東幸にあたり、元韮山代官農兵、三島宿などを警衛。
明治三年（一八七〇）	一月	長州藩の諸隊、脱隊騒動を起こす。
	一月	和歌山藩、兵賦略則によりドイツ式の徴兵制を実施。
	三月	韮山県の農兵、伊豆三小隊、武蔵二小隊を残し、廃止。
明治五年（一八七二）	三月	足柄県下の村々から集められた元韮山代官農兵の小銃が陸軍省武庫司に返納される。
明治六年（一八七三）	一月	徴兵令が発布される。

【参考文献一覧】

山田万作『岳陽名士伝』一八九一年　一九八五年復刻　長倉書店

高室梅雪『静岡県現住者人物一覧』一八九六年七月　著者

関口隆吉「黙斎随筆」『旧幕府』第四号　一八九七年　一九七一年復刻・合本一　原書房

蓬軒居士「旧幕府の陸軍（続）」『風俗画報』第一三七号、一三八号　一八九七年　東陽堂　一九七四年復刻　国書刊行会

高室梅雪『静岡県現住者人物一覧』一八九八年九月　著者

高室梅雪『静岡県現住者人物一覧』一九〇一年四月　著者

高室梅雪『静岡県現住者人物一覧』一九〇一年一二月　著者

世古直道『松翁六十路の夢』一九一一年　私家版

角田浩々歌客『漫遊人国記』一九一三年　東亜堂書房

静岡県賀茂郡教育会編『南豆風土誌』一九一四年　啓成社　一九七三年復刻　長倉書店

山崎有信『大鳥圭介伝』一九一五年　北文館　一九九五年復刻　大空社

「大正十年十月九日例会に於て田尻佐君の日田の政治と文学に関する談話」『史談会速記録』第三一三輯　一九二二年　史談会　一九七四年復刻・合本四一　原書房

森斧水「幕末勇士出野源蔵翁」『黒船』第三巻第十二号　一九二六年　復刻合本第三巻　一九八八年　湘南堂書店

土屋勝太郎編『静岡県富士郡大宮町誌』一九三〇年　大宮町役場　一九八七年復刻　緑星社出版部

山川健次郎監修『会津戊辰戦史』一九三三年　会津戊辰戦史編纂会　二〇〇三年復刻　マツノ書店

佐久間敏治「世古六太夫氏の事蹟」『静岡県郷土研究』第八輯　一九三七年　静岡県郷土研究協会
一九八二年復刻・合本第四巻　国書刊行会
矢田部盛穂「幕末に於ける伊豆関係史料」『静岡県郷土研究』第十一輯　一九三八年　静岡県郷土研究協会　一九八二年復刻・合本第五巻　国書刊行会
大山敷太郎『農兵論』　一九四二年　東洋堂
楠正隆『佐渡兵制史話』　一九四二年　私家版
戸羽山瀚「農兵に就て」　一九四五年　大政翼賛会三島市支部
E・H・ノーマン『日本における兵士と農民』　一九四七年　白日書院
井上清『日本の軍国主義』第一巻　一九五三年　東京大学出版会
東京都編『都史紀要2　市中取締沿革』　一九五四年　一九九一年復刻　東京都公文書館
笠松町史編纂委員会編『笠松町史』上巻　一九五六年　笠松町公民館
伊東市史編纂委員会編『伊東市史　本編』　一九五八年　伊東市教育委員会
高知市史編纂委員会編『高知市史』上巻　一九五八年　高知市
三島市誌編纂委員会編『三島市誌』中巻　一九五九年　三島市
『静岡県原町誌』　一九六三年　原町教育委員会
国史大系編修会編『新訂増補国史大系　第五十二巻　続徳川実紀　第五篇』　一九六七年　吉川弘文館
富士市史編纂委員会編『吉原市史』中巻　一九六八年　富士市
岐阜県編『岐阜県史　通史編　近世上』　一九六八年　同県
仲村研『山国隊』　一九六八年　学生社
小林茂『長州藩明治維新史研究』　一九六八年　未來社
石井岩夫編『高島流砲術史料　韮山塾日記』　一九七〇年　韮山町役場

高木俊輔『維新史の再発掘』一九七〇年　日本放送出版協会
静岡県史料刊行会編『明治初期静岡県史料』第四巻、第五巻　一九七〇〜一九七一年　静岡県立中央図書館
藤沢市史編さん委員会編『藤沢市史』第二巻　一九七三年　藤沢市役所
佐倉市史編さん委員会編『佐倉市史』巻二　一九七三年　佐倉市
近世村落史研究会編『武州世直し一揆史料（二）』一九七四年　慶友社
岡田貞寛『岡田啓介回顧録』一九七七年　毎日新聞社
飯田裕彦「明治維新における松下加兵衛重光」『田文協』第三集　一九七八年　田方地区文化財保護審議委員等連絡協議会
戸羽山瀚編『江川坦庵全集　別巻二』一九七九年三刷　巌南堂書店
茂木陽一「幕末期幕領農兵組織の成立と展開―多摩郡蔵敷組合農兵を例として―」『歴史学研究』第四六四号　一九七九年
石和町町誌編さん委員会編『石和町誌　第一巻　自然編・歴史編』一九八二年　石和町
久留米市史編さん委員会編『久留米市史』第2巻、第3巻　一九八二〜八五年　久留米市
三島市郷土館編『三島本陣樋口家文書目録』一九八四年　三島市教育委員会
佐藤晃洋「兵賦・農兵問題に関する郡代・代官の対応―西国筋郡代・長崎代官の場合―」『大分県地方史』第一一五号　一九八四年　大分県地方史研究会
町田市史編纂委員会編『町田市史』上巻　一九八四年三版　町田市
掛川市史編纂委員会編『掛川市史』中巻　一九八四年　掛川市
茨城県史編集委員会監修『茨城県史　近世編』一九八五年　茨城県
岩本由輝『県民100年史6　山形県の百年』一九八五年　山川出版社
高木俊輔『それからの志士』一九八五年　有斐閣

仲田正之『江川坦庵』一九八五年　吉川弘文館
明田鉄男編『幕末維新全殉難者名鑑　Ⅱ』一九八六年　新人物往来社
久留島浩「近世の軍役と百姓」『日本の社会史　第4巻　負担と贈与』一九八六年　岩波書店
大原美芳「幕末韮山における神道無念流について」『韮山町史の栞』第一〇集　一九八六年　韮山町
大原美芳『江川坦庵の砲術』一九八七年　静岡県出版文化会
真岡市史編さん委員会編『真岡市史　第七巻　近世通史編』一九八八年
新潟県編『新潟県史　通史編5　近世三』一九八八年　同県
原剛『幕末海防史の研究』一九八八年　名著出版
和歌山市史編纂委員会編『和歌山市史　第2巻　近世』一九八九年　和歌山市
岡山県史編纂委員会編『岡山県史　第九巻　近世Ⅳ』一九八九年　岡山県
川口国昭『茶業開化　明治発展史と多田元吉』一九八九年　全貌社
富士大宮司家墓所護持会編『富士氏史談会速記録』一九八九年　同会
沼津市明治史料館編『企画展解説書　沼津市域にみる日清・日露戦争』一九九〇年　同館
樋口雄彦「史料紹介　山木鈴木家文書中の静岡藩御用留」『韮山町史の栞』第一四集　一九九〇年　韮山町
北九州市史編さん委員会編『北九州市史　近世』一九九〇年　北九州市
韮山町史編纂委員会編『韮山町史　第五巻　下』一九九一年　韮山町役場
小山町史編さん専門委員会編『小山町史　第二巻　近世資料編Ⅰ』一九九一年　小山町
沼津市明治史料館編『企画展解説書　愛鷹牧』一九九一年　同館
所沢市史編さん委員会編『所沢市史』上　一九九一年　所沢市
学海日録研究会編『学海日録』第二巻　一九九一年　岩波書店

日野市史編さん委員会編『日野市史　通史編二（下）近世編（二）』一九九二年
大田区史編さん委員会編『大田区史』中巻　一九九二年　東京都大田区
甲府市市史編さん委員会編『甲府市史　通史編第二巻　近世』一九九二年　甲府市役所
若竹秀信『駿州赤心隊始末記』一九九二年　私家版
熊澤徹「幕末維新期の軍事と徴兵」『歴史学研究』第六五一号　一九九三年
韮山町史編纂委員会編『韮山町史　第七巻　近現代一』一九九三年　韮山町史刊行委員会
韮山町史編纂委員会編『韮山町史　第六巻　下』一九九四年　韮山町史刊行委員会
『甲正日誌』第九巻　一九九四年　東大和市立郷土博物館
川崎市編『川崎市史　通史編2　近世』一九九四年　同市
牛米努「関東郡代の再興と組合村」多摩川流域史研究会編『近世多摩川流域の史的研究（第二次研究報告）』一九九四年　財団法人とうきゅう環境浄化財団
静岡県編『静岡県史　資料編12　近世四』一九九五年　静岡県
鈴木裳三・小池章太郎編『近世庶民生活史料藤岡屋日記』第十五巻　一九九五年　三一書房
鈴木富雄『東海道 吉原宿』一九九五年　駿河郷土史研究会
加藤陽子『徴兵制と近代日本』一九九六年　吉川弘文館
山田千秋『日本軍制の起源とドイツ』一九九六年　原書房
『里正日誌』第十巻　一九九六年　東大和市立郷土博物館
沼津市明治史料館編『近世・近代ぬまづの俳人たち』一九九六年　同館
樋口雄彦「明治期ロシア正教の伊豆伝道」『沼津市博物館紀要』20　一九九六年　沼津市歴史民俗資料館・沼津市明治史料館
鹿児島県歴史資料センター黎明館編『鹿児島県史料　玉里島津家史料　五』一九九六年　鹿児島県
静岡県編『静岡県史　通史編4　近世二』一九九七年　同県

内藤正中他『県史31　鳥取県の歴史』一九九七年　山川出版社
樋口雄彦「栗原布山雑話にみる伊豆の文人たち」『韮山町史の栞』第二一集　一九九七年　韮山町
仲田正之『韮山代官江川氏の研究』一九九八年　吉川弘文館
板橋区史編さん調査会編『板橋区史　通史編　上巻』一九九八年　板橋区
町田市立自由民権資料館編『民権ブックス11号　武装する農民—農兵・兵賦・徴兵—』一九九八年　町田市教育委員会
沼津市史編集委員会編『原宿植松家　日記・見聞雑記（二）』一九九八年　沼津市教育委員会
竹内公英「近世後期の越後・佐渡における海防状況」青木美智男・阿部恒久編『幕末維新と民衆社会』一九九八年　高志書院
熊澤徹「慶応軍役令と歩卒徴発—幕府組合銃隊一件—」『歴史評論』第五九三号　一九九九年
小田原市編『小田原市史　通史編　近世』一九九九年　同市
寒河江市史編さん委員会編『寒河江市史　中巻　近世編』一九九九年　寒河江市
三重県編『三重県史　資料編　近世4（下）』一九九九年　同県
亀掛川博正「幕末維新軍事史研究の回顧と展望」『軍事史学』通巻一三七号　一九九九年　錦正社
沼津市史編さん委員会編『沼津市史　史料編　近世2』二〇〇〇年　沼津市
林英夫編『土佐藩戊辰戦争資料集成』二〇〇〇年　高知市民図書館
山田孝子「碧血の賦—秋田流亡箱館の降伏人たち—」『幕末史研究』第三六号　二〇〇〇年　三十一人会
富士市立博物館編『幕末の問屋役吉原宿の鈴木香峰』二〇〇一年　同館
上田純子「幕末萩藩における給領取立農兵—寄組浦家を事例として—」『史窓』第五八号　二〇〇一年
下田市史編纂委員会編『下田市史　資料編二　近世』二〇〇二年　下田市

高橋雅夫編『守貞謾稿図版集成』二〇〇二年　雄山閣
冨永公文『松下加兵衛と豊臣秀吉―戦国・松下氏の系譜―』二〇〇二年　東京図書出版会
野口武彦『幕府歩兵隊』二〇〇二年　中央公論新社
今市市史編さん委員会編『いまいち市史　通史編Ⅳ』二〇〇四年　今市市
高崎市市史編さん委員会編『新編高崎市史　通史編3　近世』二〇〇四年　高崎市
仙台市史編さん委員会編『仙台市史　通史編5　近世3』二〇〇四年　仙台市
金沢市史編さん委員会編『金沢市史　通史編2　近世』二〇〇五年　金沢市
牛米努「幕末期の関東取締出役」関東取締出役研究会編『関東取締出役』二〇〇五年　岩田書院
沼津市史編さん委員会他編『沼津市史　通史編　近世』二〇〇六年　沼津市
深谷克己『江戸時代の身分願望　身上りと上下無し』二〇〇六年　吉川弘文館
高橋典幸他『日本軍事史』二〇〇六年　吉川弘文館
『駿州富士郡大宮町角田桜岳日記』四・五　二〇〇七〜二〇〇九年　富士宮市教育委員会
上白石実「農兵をめぐる議論と海防強化令」『日本歴史』第七一九号　二〇〇八年
福井市編『福井市史　通史編2　近世』二〇〇八年　同市
厚木市教育委員会教育総務部文化財課市史編さん係編『厚木市史　近世資料編（5）』二〇〇九年
厚木市
中西崇「武力を担う百姓の意識―江川農兵の農兵人を事例として―」『人民の歴史学』第一八二号
二〇〇九年　東京歴史科学研究会
須田努『幕末の世直し　万人の戦争状態』二〇一〇年　吉川弘文館
国立歴史民俗博物館編『企画展示　武士とはなにか』二〇一〇年　同館
日野市立新選組のふるさと歴史館『新選組・新徴組と日野』二〇一〇年　日野市
平川新「庶民剣士と村山の農兵」『西村山地域史の研究』第二八号　二〇一〇年

浅川道夫「浦賀の郷兵について」『開国史研究』第一〇号　二〇一〇号　横須賀開国史研究会
飯能市郷土館編『飯能炎上―明治維新・激動の六日間―』　二〇一一年　同館
鳥取市歴史博物館編『因州兵の戊辰戦争―いくさと弔いの明治維新―』　二〇一一年　同館
藤田和敏『〈甲賀忍者〉の実像』　二〇一二年　吉川弘文館
渡辺尚志『百姓たちの幕末維新』　二〇一二年　草思社
深谷克己・須田努編『近世人の事典』　二〇一三年　東京堂出版
『里正日誌』第八巻　東大和市立郷土博物館　二〇一四年
橋本敬之『勝海舟が絶賛し、福沢諭吉も憧れた幕末の知られざる巨人江川英龍』　二〇一四年　株式会社KADOKAWA
福井県文書館編『福井藩士履歴2　お〜く』　二〇一四年　同館
高橋敏『江戸の平和力』　二〇一五年　敬文舎
長屋隆幸『近世の軍事・軍団と郷士たち』　二〇一五年　清文堂出版
樋口雄彦「韮山代官手代の直参化と維新期の対応」『静岡県近代史研究』第四〇号　二〇一五年　静岡県近代史研究会
保谷徹「江川代官と多摩の農兵」『多摩のあゆみ』第一六四号　二〇一六年　たましん地域文化財団
笹部昌利「幕末維新期の「農兵」と軍事動員―鳥取藩領の事例を素材に―」『京都産業大学日本文化研究所紀要』第二一号　二〇一六年
下田市史編さん委員会編『下田市史　別編　幕末開港』　二〇一六年　下田市教育委員会
八王子市市史編集委員会編『新八王子市史　通史編4　近世（下）』　二〇一七年　八王子市

あとがき

　幕末の農兵は、全国で一斉にというよりも各地で散発的に発生したものであり、決してどこか一点に源流を定めるべきものではない。しかし、本書では幕府の韮山代官による農兵について半分を充てた。それは、全国政権たる幕府内での影響の大きさが重要だったからであるとともに、単純に伊豆韮山が筆者のフィールドだからでもある。

　幕府における農兵制の提唱者江川坦庵の本拠地が韮山（現・伊豆の国市）である。筆者は以前、『韮山町史』の編纂をお手伝いしたことがあったが、近現代が担当で、近世は守備範囲ではなかったため、坦庵や農兵についての史料の収集・編纂、叙述をすることはなかった。唯一、勤務地だった沼津市の博物館で企画した日清・日露戦争に関する展示会において、前史として、韮山代官が駿東郡原宿などで採用した農兵について取り上げたことがわずかにあっただけである。

　また、筆者に限らず、伊豆・駿河といった静岡県、すなわち研究上のフィールドにおいて、農兵については、西洋砲術採用・反射炉建築・台場築造などといった、江川坦庵というスーパーマンが残した多くの偉業の一つとしては数え上げられるものの、実現したのが彼の没後だったことから、その後の展開についての考察は不十分だったといえる。逆に、韮山代官の農兵については、多摩地域など東京・埼玉などでの研究のほうが盛んだった。

その意味で、筆者の農兵に対する研究実績は皆無に等しい。国学・和歌・俳諧・絵画などを嗜んだ地方文人に関する企画展開催や資料調査などから、伊豆・駿河地域で農兵幹部となった豪農商についてはよく知っていた一方、自身の継続的な研究テーマとしていたのは維新後の旧幕臣だったことから、むしろ農兵を指導する立場である韮山代官手代・手附たちへの関心のほうが高かった。そのため、農兵たちが属した農村社会の内部へ向けた探究は不足したままである。あるいは全国的な動向への目配りもバランスを欠いたものにとどまったかもしれない。

よって幕末の農兵についての概要を記した本書は、自身の研究発信というよりも、多くの先学たちによる成果を吸収し、それを形にさせてもらったことになる。それでも、このテーマについては誰かが大雑把にでもまとめてみることに意義があると考えた。先学からいただいた学恩に感謝する次第である。

また、資料の提供等に多大なご協力をいただいた、下記の機関・個人の皆様に対し厚く御礼申し上げる次第である（敬称略）。

伊豆の国市郷土資料館　岡山県立博物館　公益財団法人江川文庫　国立歴史民俗博物館　佐藤彦五郎新選組資料館　鶴岡市郷土資料館　鳥取市歴史博物館　西東京市郷土資料室　沼津市教育委員会　沼津市明治史料館　東村山ふるさと歴史館　東大和市立郷土博物館　日野市立新選組のふるさと歴史館　富士山かぐや姫ミュージアム　富士市立中央図書館　福生市教育委員会　明治大学博物館　山国隊軍楽保存会　米子市教育委員会　和歌山県立博物館　飯田裕彦　石川彌八郎　植松靖博　植松善夫　内野禄太郎　柏木俊秀　小林幸枝　鈴木敏弘　鈴木荘悦　世古直史　平野綏　森下立昭　和田洋介

や

よ

ら

わ

つ

と

な

は

ひ

ふ

へ

ほ

ま

み

む

も

人名索引

樋口雄彦（ひぐち・たけひこ）
一九六一年生まれ。静岡大学人文学部卒。博士（文学、大阪大学）。現在、国立歴史民俗博物館・総合研究大学院大学教授。著書に、『旧幕臣の明治維新　沼津兵学校とその群像』（二〇〇五年、吉川弘文館）、『沼津兵学校の研究』（二〇〇七年、同前）、『静岡学問所』（二〇一〇年、静岡新聞社）、『第十六代徳川家達―その後の徳川家と近代日本』（二〇一二年、祥伝社）、『敗者の日本史17　箱館戦争と榎本武揚』（二〇一二年、吉川弘文館）、『人をあるく　勝海舟と江戸東京』（二〇一四年、同前）、『幕臣たちは明治維新をどう生きたのか』（二〇一六年、洋泉社）、『シリーズ藩物語　沼津藩』（二〇一六年、現代書館）、『見る読む静岡藩ヒストリー』（二〇一七年、静岡新聞社）、編著に『海軍諜報員になった旧幕臣―海軍少将安原金次自伝―』（二〇一一年、芙蓉書房出版）など。

幕《ばく》末《まつ》の農《のう》兵《へい》

二〇一七年十二月二十日　第一版第一刷発行

著者　樋口雄彦
発行者　菊地泰博
発行所　株式会社 現代書館
東京都千代田区飯田橋3-2-5
郵便番号　102-0072
電話　03（3221）1321
FAX　03（3262）5906
振替　00120-3-83725

印刷　平河工業社（本文）
東光印刷所（カバー・表紙・帯）
製本　積信堂
編集　加唐亜紀
本文デザイン・組版・装幀　奥冨佳津枝
地図製作　曽根田栄夫

ISBN978-4-7684-5825-9
定価はカバーに表示してあります。落丁本・乱丁本はお取り替えいたします。
http://www.gendaishokan.co.jp/